KB139853

한 입에 쏙!
코딩 한 조각

· · ·

파이썬으로 맛보는
인공지능
한 조각

김수빈 저

누구든 쉽게 이해하는
파이썬 × 인공지능 입문서!

DIGITAL BOOKS
디지털북스

| 만든 사람들 |
기획 IT · CG기획부 **| 진행** 양종엽 · 박소정 **| 집필** 김수빈 **| 일러스트** 장우성
표지 디자인 원은영 · D.J.I books design studio **| 편집 디자인** 이기숙 · 디자인숲

| 책 내용 문의 |
도서 내용에 대해 궁금한 사항이 있으시면
저자의 홈페이지나 디지털북스 홈페이지의 게시판을 통해서 해결하실 수 있습니다.
디지털북스 홈페이지 digitalbooks.co.kr
디지털북스 페이스북 facebook.com/ithinkbook
디지털북스 인스타그램 instagram.com/digitalbooks1999
디지털북스 유튜브 유튜브에서 [디지털북스] 검색
디지털북스 이메일 djibooks@naver.com
저자 이메일 books.chloekim@gmail.com

| 각종 문의 |
영업관련 dji_digitalbooks@naver.com
기획관련 djibooks@naver.com
전화번호 (02) 447-3157~8

파이썬으로 맛보는

인공지능

한 조각

\<한 조각\> 시리즈 소개

한 입에 쏙 들어가는 음식은 부담을 덜고 입맛을 돋우죠. 학습 분량은 과하지 않게, 꼭꼭 씹어서 내 것으로 온전히 소화하기 좋은 책을 만들고자 〈한 조각〉 시리즈를 만들었습니다.

학습 포인트를 명확히 짚고 초심자의 눈높이에 맞춘 설명과 실습을 제공해 학습을 원활히 소화할 수 있도록 돕습니다. 또한 핵심만 콕콕 담은 개념, 학습 내용 외에 알면 유용한 정보를 나누어 지식을 꼼꼼하게 담아 드립니다.

무심코 집어든 파이 한 조각이 훌륭한 맛을 낸다면 어떨까요? 파이에 대한 막연한 호기심이 깊은 관심으로 변하게 될 겁니다. 〈한 조각〉도 그러한 경험을 줄 수 있기를 기대합니다.

〈한 조각〉과 함께 작은 목표부터 하나씩 달성하며 배움의 즐거움을 맛보고, 이 경험이 학습의 원동력이 되어 더 깊은 세계로 나아갈 수 있길 바랍니다.

이 책을 펼쳐든 지금 이 순간에도 여러분의 주변에 인공지능이 함께하고 있을 겁니다. 우리는 여러 경로를 통해 인공지능의 현재와 미래에 대한 소식을 쉽게 접하며, 누군가는 우리가 인공지능 시대에 살고 있다고 말하기도 합니다. 그렇다면 여러분은 인공지능을 충분히 친근한 개념으로 이해하고 있나요? 인공지능, 그리고 인공지능과 함께 떠오른 언어인 파이썬을 다루는 책들이 이미 많습니다. 대부분의 책들은 독자들이 프로그래밍과 인공지능을 친근한 개념으로 이해하길 바라며 쉽게 다가가려고 노력합니다. 하지만 우리에게 프로그래밍과 인공지능은 여전히 어렵고 딱딱한 개념으로 다가옵니다. 호기롭게 책을 펼쳐 들었지만 일정 수준 이상의 프로그래밍 능력과 수학적 지식을 요구하는 챕터에서 이내 책을 덮기도 하지요.

이 책은 '모든 것을 알 필요는 없다'는 마음으로 집필했습니다. 파이썬, 인공지능과 관련된 모든 개념을 다루진 않지만, 필수 지식은 정확히 알고 넘어갈 수 있도록 구성했습니다. 어렵지 않은 실습들을 반복적으로 학습하는 과정에서 그 지식을 채워갈 수 있을 것입니다. 또한 챕터 1~4의 파이썬 프로그래밍도, 마지막 챕터의 인공지능도 '그 흐름을 이해하는 것이 중요하다'는 생각으로 집필했습니다. 흐름의 이해에 집중하며 복잡한 개발 환경이나 수학적 지식을 억지로 다루지 않았습니다. 그러니 이 책을 접하는 독자 분들도 달콤한 파이 한 조각 먹는다는 가벼운 마음으로 이 책을 함께하셨으면 좋겠습니다.

저는 직접 개발한 파이썬 & 인공지능 콘텐츠와 함께, 프로그래밍을 처음 접하는 청소년들부터 IT업계 다양한 직무의 재직자들까지, 다양한 학습자를 마주하며 강의한 경험이 있습니다. 이 책 곳곳에 그 경험을 담아두었습니다. 독자 분들도 각자 다른 학습 경험과 배경지식을 갖고 계실 것으로 생각됩니다. 여러분 각자의 지점에서 집어든 이 책이 부디 즐거운 경험으로 기억되기를 바랍니다.

책 집필을 시작할 수 있도록 도와주신 우지윤 님과 박주은 님, 집필 과정을 꼼꼼하게 챙겨주신 편집자 님, 그리고 나의 발걸음에 항상 힘이 되어주는 모든 내 사람들에게 감사드립니다. 끝으로, 새로운 도전은 두려움이 아닌 즐거움이라는 것을 깨닫게 해주시는 김인겸 님과 주경희 님께 막내딸의 첫 번째 책을 바칩니다.

2022년 8월

저자 **김수빈**

Q&A로 알아보는 책 소개

Q1. 누구를 위한 책인가요?

A1. 《파이썬으로 맛보는 인공지능 한 조각》은 프로그래밍 입문자를 포함하여, 파이썬과 인공지능에 관심 있다면 누구나 즐길 수 있는 책입니다. 혹시 아래 세 가지 중 여러분에게 해당되는 것이 하나라도 있나요? 그렇다면 이 책을 더욱 의미 있게 즐길 수 있을 겁니다!

- 꼭 알아야 하는 내용을 중심으로, 파이썬을 쉽고 빠르게 익히고 싶은 분
- 인공지능의 기본 구현 흐름을 이해하고 직접 만들어보고 싶은 분
- 복잡하지 않은 실습을 통해 파이썬과 인공지능에 대한 기초를 탄탄히 다지고 싶은 분

Q2. 이 책은 파이썬 기초 지식 없이 바로 학습해도 괜찮을까요?

A2. 네, 괜찮습니다. 이 책은 파이썬 기초 문법부터 다루기 때문에 파이썬을 처음 접하는 분들도 바로 학습할 수 있습니다. 또한 책 초반에 프로그래밍에 대한 소개도 다루므로, 이 책을 시작으로 프로그래밍에 입문하려는 분들도 충분히 학습할 수 있습니다. 더불어 인공지능 구현을 위해서도 복잡한 개발 환경이나 어려운 실습을 다루지 않기 때문에, 프로그래밍 초보자 분들도 성취감 있는 학습을 할 수 있을 것으로 기대합니다!

Q3. 이 책의 특징은 무엇인가요?

A3. 이 책의 특징은 다음과 같습니다.

■ 프로그래밍 입문자도 쉽고 빠르게 인공지능 개발을 경험할 수 있습니다

프로그래밍을 처음 시작하는 분께는 깊은 내용보단 학습 흥미를 유발하는 환경이 중요하다고 생각합니다. 따라서 이 책은 여러분의 학습 시간은 줄이고, 학습 흥미는 꾸준히 가질 수 있도록 하는 데 집중했습니다. 인공지능 개발에 필요한 지식 위주로 배우고 실습하며, 주요 개념을 그때그때 보충하는 식으로 학습할 것입니다.

■ 인공지능의 기본 구현 흐름을 알 수 있습니다

일상생활에서 쉽게 접할 수 있는 기술을 활용하여, 4가지 STEP에 맞춰 인공지능을 만들어 봅니다. 이 과정을 통해 여러분은 '기계는 학습할 데이터를 어떻게 인식하고 학습하는지' 이해하게 될 것입니다.

Q4. 이 책은 어떤 내용으로 구성하였나요?

A4. 다음 페이지로 넘겨 보면, 이 책에 어떤 내용을 담았는지 간단하게 알아볼 수 있도록 정리한 글과 그림이 있습니다. 궁금하신 분은 참고해 주세요.

■ 독자님께 드리는 편집자의 말

이 책은 프로그래밍 경험이 없는 분을 대상으로 하여 파이썬(Python) 언어로 인공지능 맛보기를 제공합니다. 인공지능이 마냥 낯설거나 어렵게 느껴지지 않고, 즐겁게 프로그래밍하는 경험을 드리고자 합니다. 이 책을 따라 차근차근 학습하다 보면 나의 세계에 숨은 인공지능이 보이고, 인공지능을 직접 만듦으로써 성취감을 얻을 수 있을 겁니다. 이 책으로 여러분의 첫 인공지능을 만드는 경험에 작은 기쁨 한 조각을 나누어 드릴 수 있길 바랍니다.

이 책은 파이썬 기본 문법부터 시작하여, 인공지능 개발까지 가볍게 경험해볼 수 있도록 구성했습니다.

CHAPTER 01_
파이썬과 인사하기

첫 번째 프로그래밍을 통해 파이썬과 인사를 나눕니다. 프로그래밍이 무엇인지, 왜 파이썬을 학습하는지 이해해 봅니다.

CHAPTER 02_
파이썬과 친해하기 – 자료형

파이썬 세계에서의 데이터 표현 방법을 이해하며 파이썬과 친해지는 시간을 갖습니다. 숫자, 문자열 등 다양한 자료형에 대해 학습합니다.

CHAPTER 03_
파이썬과 깊은 대화 나누기 (1)
– 제어문

조건과 반복을 이용하여 파이썬과 깊은 대화를 나눕니다. if문, while문, for문을 학습합니다.

맛있는 파이에 궁합이 좋은 토핑을 얹어 먹으면 서로 조화를 이루며 더욱 근사한 맛을 내죠. 이처럼 여러분의 학습에 다음의 요소를 함께 활용해 보면 알찬 정보를 얻어갈 수 있을 거예요.

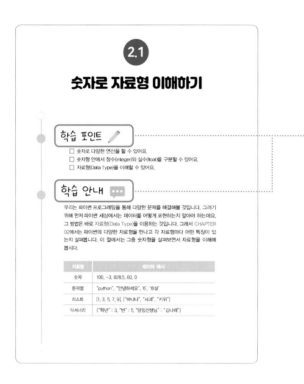

1 학습 포인트 / 학습 안내

챕터의 각 절마다 어떤 내용에 중점을 두고 학습하는지 확인할 수 있습니다. 학습을 시작하기 전에 꼭 읽어 보세요.

특히 학습 포인트는 학습을 마친 후에도 활용할 수 있습니다. 각 항목을 체크하면서 내용을 잘 이해했는지 점검해 보세요!

NOTE에 해당하는
개념이나 표현은
별표로 표시했습니다.

프로그램(program)은 특정한 작업을 수행하는 명령어의 집합입니다. 예를 들어 날씨 앱*은 날씨를 궁금해 하는 사람들을 위해 국가별, 지역별, 날짜별 날씨 정보를 제공하는 작업을 수행합니다. 사용자인 우리 눈에는 보이지 않지만, 앱 안에는 수많은 날씨 정보를 처리하기 위한 다양한 명령어가 들어 있습니다.

앱(app)은 애플리케이션(application)의 줄임말인데 프로그램과 같은 의미로 이해해도 괜찮습니다. 애플리케이션은 응용 프로그램(application program)의 줄임말로, 운영체제 위에서 사용하는 모든 소프트웨어를 의미합니다.

2 NOTE

본문 중 여러분에게 생소할 수 있는 개념과 표현을 정리했습니다. NOTE를 통해 궁금증을 해소해 보세요.

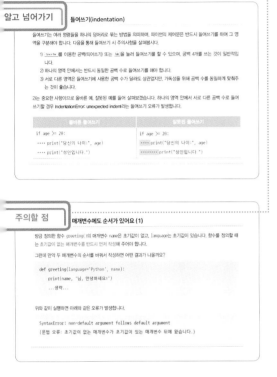

3 알고 넘어가기 / 주의할 점

본문에 나온 핵심 개념에 대해, 꼭 알아야 할 내용과 주의할 점을 담았습니다. 쉽고 빠르게 학습하면서도 여러분의 지식은 꼼꼼하게 메울 수 있습니다.

4 이 절에서 우리는

챕터의 각 절마다 다룬 내용을 간단히 정리하며 학습을 마무리합니다.

5 더 알아보기

절에서 학습한 내용 외에도 알면 유용한 지식을 한 조각 더 가져갈 수 있습니다. 가볍게 기억해 두었다가 필요한 순간에 꺼내어 활용해 보세요!

CONTENTS

일러두기

1. 이 책은 별도의 실습 파일을 제공하지 않습니다.
2. 이 책에서의 파이썬 버전은 3.10.1입니다. 여러분이 사용하는 파이썬과 버전이 다소 다를 수 있으나, 같은 3 버전대라면 실습에 큰 지장은 없으니 괜찮습니다.
   (파이썬 버전 확인 방법은 29쪽(윈도우) 또는 31쪽(맥 OS)을 참고해 보세요.)

파이썬과 인사하기

1.1

프로그래밍과 파이썬

학습 포인트 ✏️

☐ 프로그램과 프로그래밍의 의미를 이해할 수 있어요.
☐ 파이썬의 특징을 이해할 수 있어요.

학습 안내 💬

프로그래밍 세계에 오신 것을 환영합니다! 지금부터 우리는 파이썬(Python) 이라는 프로그래밍 언어를 학습해볼 텐데요. '프로그래밍을 한다'는 것은 어떤 의미일까요? 그 답을 찾기 위해, 이 책의 첫 번째 절에서는 프로그램과 프로그래밍을 이해하는 시간을 갖습니다. 그리고 여러 프로그래밍 언어 중 우리가 파이썬을 학습하고 활용하는 이유도 알아봅니다.

1 프로그램과 프로그래밍

우리는 일상생활에서 컴퓨터와 스마트폰으로 매일 다양한 프로그램을 사용합니다. 여러분은 주로 어떤 프로그램을 사용하시나요?

▲ 우리가 사용하는 프로그램들: 웹 브라우저, 문서 작업 앱, 날씨 앱

프로그램(program)은 특정한 작업을 수행하는 명령어의 집합입니다. 예를 들어 날씨 앱*은 날씨를 궁금해 하는 사람들을 위해 국가별, 지역별, 날짜별 날씨 정보를 제공하는 작업을 수행합니다. 사용자인 우리 눈에는 보이지 않지만, 앱 안에는 수많은 날씨 정보를 처리하기 위한 다양한 명령어가 들어 있습니다.

> 앱(app)은 애플리케이션(application)의 줄임말인데 프로그램과 같은 의미로 이해해도 괜찮습니다. 애플리케이션은 응용 프로그램(application program)의 줄임말로, 운영체제 위에서 사용하는 모든 소프트웨어를 의미합니다.

프로그래밍(programming)은 이러한 프로그램을 만드는 모든 과정을 의미합니다. 여러분이 책을 한 권 쓴다고 가정해 볼까요? 우리는 '책'이라는 결과물을 만들기 위해서 사람들이 이해할 수 있는 언어로 문장을 생각하고 작성할 것입니다. 프로그래밍은 이렇게 책을 쓰는 것과 비슷한 작업입니다. '프로그램'이라는 결과물을 만들기 위해서 컴퓨터가 이해할 수 있는 언어로 명령어를 작성하는 것이죠.

그런데 만약 여러분이 쓸 책이 미국, 영국과 같은 영어권 국가에 판매된다면 어떻게 해야 할까요? 그 목적에 맞게 한국어가 아닌 영어로 책을 작성해야겠죠? 이처럼 프로그래밍도 만들고자 하는 프로그램의 방향과 목적에 따라 알맞은 프로그래밍 언어를 사용해야 합니다.

2 프로그래밍 언어와 파이썬

프로그래밍 언어는 저마다 특징이 있어, 활용되는 분야도 다릅니다. 몇 가지 언어의 활용 분야를 간단히 살펴봅시다.

언어	활용 분야
파이썬	웹 애플리케이션, 시스템 및 하드웨어, 데이터 분석, 인공지능
자바	웹, 모바일 애플리케이션(안드로이드), 임베디드 시스템
C, C++	시스템 애플리케이션, IoT, 게임
자바스크립트	웹 애플리케이션
코틀린 / 스위프트	안드로이드 / iOS 애플리케이션

위에 소개한 것들이 프로그래밍 언어의 전부는 아닙니다. 세상에는 다양한 프로그래밍 언어가 있습니다. 어떤 언어들이 있고, 인기 있거나 자주 사용하는 것은 무엇인지 궁금하다면 다음의 웹 사이트를 참고해 보세요. 매월 또는 매년 각 프로그래밍 언어의 인기 및 사용도 순위를 알 수 있습니다. 사이트에 접속하여 현재 프로그래밍 언어 순위를 확인해 보세요.

▲ TIOBE Index – 2022년 6월 결과

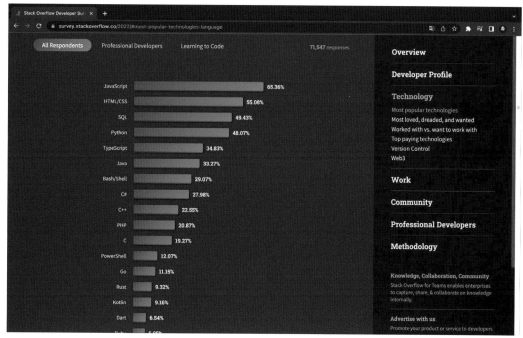

▲ Stack Overflow − 2022년 결과

[TIOBE Index 링크] https://www.tiobe.com/tiobe−index/

[Stack Overflow 링크] https://insights.stackoverflow.com/survey

다양한 프로그래밍 언어 가운데, 우리가 이 책에서 함께 학습할 언어는 바로 파이썬입니다. 지금부터 파이썬의 유래와 특징을 살펴보며, 우리가 파이썬을 학습하는 이유를 함께 알아봅시다.

파이썬(Python)은 1991년 네덜란드 출신의 개발자 귀도 반 로섬(Guido Van Rossum)이 개발한 프로그래밍 언어입니다. '파이썬'이라는 이름은 그가 좋아하던 영국의 코미디 프로그램인 〈Monty Python's Flying Circus〉에서 가져온 것입니다. 또한 파이썬은 고대 신화의 큰 뱀을 뜻하기도 하는데, 그래서 파이썬의 로고에는 두 마리의 뱀이 사용되기도 했습니다.

▲ 파이썬의 로고

파이썬은 2000년도에 두 번째 버전이 공개되면서 세상의 주목을 받기 시작했고, 이어서 2008년도에 세 번째 버전이 공개되었습니다. 파이썬 공식 홈페이지에 접속하면 현재 파이썬의 버전을 확인할 수 있습니다.

▲ 파이썬 공식 홈페이지(https://www.python.org)의 메인 화면

파이썬은 활용 분야가 다양한 언어로 유명하지만, 프로그래밍을 처음 학습하는 입문자들이 쉽고 재미있게 배울 수 있는 언어로도 유명합니다. 파이썬의 몇 가지 특징을 같이 살펴봅시다.

특징 1 단순한 구문

파이썬은 다른 프로그래밍 언어보다 단순한 구문을 갖습니다. 예를 들어 화면에 하나의 문장을 출력하는 코드*를 작성한다면, C언어와 파이썬은 각각 아래와 같이 작성할 수 있습니다.

> 💬 코드(code)는 소스 코드(source code)의 줄임말로, 프로그래밍 언어로 작성한 글을 의미합니다.

⌄ C언어

```
#include <stdio.h>
int main()
{
    printf('C언어는 이렇게');
    return 0;
}
```

⌄ 파이썬

```
print('파이썬은 이렇게')
```

코드 내용은 잘 몰라도, C언어보다 파이썬으로 작성된 코드가 훨씬 간결하고 단순하다는 건 알 수 있습니다. 이처럼 파이썬은 단순한 구문을 가졌기 때문에, 사용자들이 언어를 쉽게 이해하고 학습할 수 있도록 돕습니다. 또한 코드의 가독성 또한 높일 수 있습니다.

특징 2 다양한 라이브러리

어떠한 프로그램을 만들 때 처음부터 끝까지 혼자 만들 수도 있지만, 다른 사람들이 만들어둔 기능을 가져와서 효율적으로 더 훌륭한 프로그램을 만들기도 합니다. 이때 도움을 주는 것이 **라이브러리(Library)**입니다. 라이브러리는 소프트웨어를 개발할 때 공통으로 사용할 수 있는 기능들을 모아둔 것으로, 프로그래밍 언어마다 다양한 라이브러리가 인터넷에 공개되어 있습니다. 특히 파이썬은 기본적인 계산부터 데이터 분석, 웹 개발 그리고 인공지능까지 다양한 분야와 관련된 실용적인 라이브러리가 많습니다. 덕분에 혼자서 구현하기 어려운 기능도 누구나 비교적 쉽게 구현할 수 있게 되었습니다.

특징 3 　여러 분야에서의 활용도

앞서 이야기했던 것처럼 파이썬은 데스크톱 프로그램, 웹 사이트, 하드웨어, 인공지능 등 여러 분야에서의 활용도가 높습니다. 따라서 이 특징은 특징 2와 이어진다고도 볼 수 있습니다. 다양한 파이썬 라이브러리가 있어서 여러 분야에서의 활용도가 높아지고, 또 여러 분야에서의 언어 활용도가 높으니 다양한 라이브러리가 끊임없이 개발될 수 있는 것이죠.

특징 4 　활발한 커뮤니티

프로그래밍을 하다 보면 다양한 문제 상황을 마주하게 되는데요. 이때 같은 언어를 사용하는 사람들과 소통하고, 함께 문제를 해결할 수 있는 커뮤니티를 잘 활용하는 것도 중요합니다. 전 세계 다양한 사용자들이 모여 있는 파이썬 커뮤니티(https://www.python.org/community/)는 가장 활발하게 운영되는 개발자 커뮤니티 중 하나입니다. 이곳에서는 묻고 답하기뿐만 아니라 문법 개선을 위한 의견을 주고받을 수 있으며, 여러 가이드 문서와 영상 등을 공유하고 있습니다.

▲ 파이썬 커뮤니티의 메인 화면

이 절에서 우리는

우리가 일상생활에서 사용하는 프로그램을 떠올려 보면서 프로그램과 프로그래밍의 의미를 이해했습니다. 또한 세상에는 다양한 프로그래밍 언어가 있고, 내가 만들고자 하는 프로그램에 따라 알맞은 언어를 선택해야 한다는 것도 이해했습니다. 그리고 우리가 이 책에서 학습할 언어인 파이썬의 몇 가지 특징을 살펴보면서, 파이썬을 학습해야 할 이유도 충분히 확인할 수 있었습니다.

사실 어떠한 프로그래밍 언어든 학습해야 하는 필수 내용과 학습 과정은 크게 다르지 않습니다. 지금 프로그래밍을 처음 학습한다면 파이썬이 그 흐름을 쉽게 연습하는 데 도움을 줄 것입니다. 다른 프로그래밍 언어를 학습해본 경험이 있다면 다양한 실습을 통해 프로그래밍 실력을 다지고, 파이썬의 활용 분야 중 하나인 인공지능도 쉽게 경험해 보실 수 있을 겁니다. 자, 그럼 지금 첫 다짐을 기억하면서 파이썬 설치부터 시작해 볼까요?

🔍 알아보기 　우리 일상생활 곳곳에 있는 파이썬!

우리가 일상생활 속에서 사용하는 서비스 중에도 파이썬을 활용하여 만들어진 것이 많습니다. 무엇이 있을지 아래 예시를 살펴봅시다. 이 중에는 여러분이 자주 사용하는 서비스도 있을 거예요!

▲ 구글(Google)

▲ 유튜브(YouTube)

▲ 넷플릭스(Netflix)

▲ 인스타그램(Instagram)

💬 아래 링크를 통해 넷플릭스와 인스타그램에서 파이썬이 어떻게 활용되었는지 확인할 수 있습니다.

[넷플릭스 기술 블로그]　https://netflixtechblog.com/python-at-netflix-bba45dae649e
[인스타그램 기술 블로그]　https://instagram-engineering.com/tagged/python

이외에도 우리의 일상생활 곳곳에 파이썬 프로그래밍의 결과물이 있습니다. 이 책을 통해 파이썬 기본기를 다지고 다른 분야의 기본 지식과 상상력을 더해 여러분만의 결과물을 만들 수 있습니다. 이처럼 여러분이 만들고자 하는 목적을 생각하고 학습한다면 파이썬을 좀 더 재미있게 배울 수 있을 거예요!

1.2

파이썬 프로그래밍 준비하기

학습 포인트 🖊

☐ 내 PC의 운영체제에 맞게 파이썬을 설치할 수 있어요.

☐ 파이썬이 인터프리터 언어라는 것을 이해하고, REPL을 통해 파이썬과 대화할 수 있어요.

☐ IDLE을 구성하는 각 화면의 역할을 이해할 수 있어요.

학습 안내 💬

이번 절에서는 파이썬 실습을 위해 내 컴퓨터에 알맞은 개발 환경을 준비하고, 파이썬 언어를 살펴보는 시간을 갖습니다. 먼저 파이썬을 설치해볼 텐데요, 파이썬은 다양한 운영체제에 설치하고 사용할 수 있습니다. 기본적으로 윈도우, 맥 OS에서 사용할 수 있고 안드로이드, iOS와 같은 모바일용 운영체제에서도 사용할 수 있습니다. 이 책을 읽는 여러분도 대부분 윈도우 또는 맥 OS를 이용할 것이므로, 두 가지 운영체제에서의 파이썬 설치 방법을 소개하겠습니다.

1 내 컴퓨터에 파이썬 설치하기

파이썬을 설치하려면 먼저 파이썬 공식 홈페이지에서 설치 파일을 다운로드해야 합니다. 파이썬 다운로드 페이지(https://www.python.org/downloads/)에 접속하면 아래와 같은 화면을 확인할 수 있습니다.

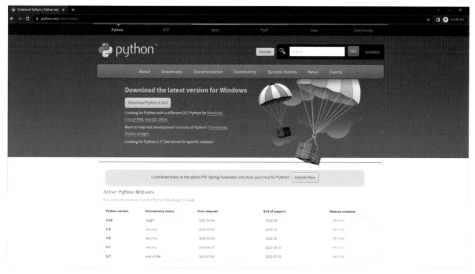

▲ 파이썬 다운로드 페이지 (윈도우)

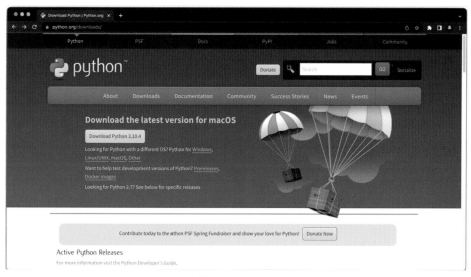

▲ 파이썬 다운로드 페이지 (맥 OS)

위 페이지에는 현재 컴퓨터의 운영체제에 맞는 파이썬 설치 파일이 준비되어 있습니다. 파이썬은 개발자에게 도움이 되는 기능을 추가하며 주기적으로 버전을 업데이트합니다. 화면의 다운로드 버튼을 누르면, 최신 버전의 파이썬을 다운로드할 수 있습니다. 자 그럼, 다운로드를 해봅시다!

파이썬 설치 파일이 잘 다운로드됐나요? 그렇다면 이어서 운영체제별로 설치 방법을 살펴봅시다.

파이썬 설치(윈도우)

STEP 1   파이썬 설치 파일 실행하기

앞에서 다운로드한 파이썬 설치 파일을 더블 클릭하여 실행합니다.

▲ 파이썬 설치 파일 실행

STEP 2   파이썬 설치 작업 진행하기

설치 파일을 더블 클릭하면 대화상자가 나타납니다. 상자 하단에 있는 'Add Python 3.x to PATH'를 체크하고 [Install Now] 버튼을 클릭하세요. 그러면 안전한 설치를 위해 '이 앱이 변경할 수 있도록 허용하시겠어요?'라는 질문이 표시됩니다. [예] 버튼을 클릭하여 설치를 시작합니다.

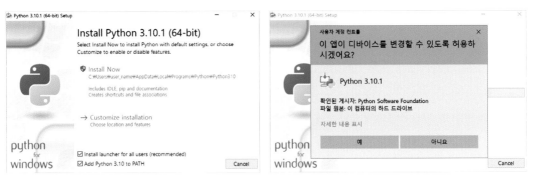

▲ 파이썬 설치 시작 화면   ▲ 안전한 설치 허용

조금 기다리면 설치 작업이 완료됩니다.

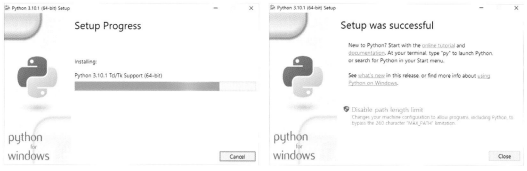

▲ 설치 진행 화면　　　　　　　　　　　　　　▲ 설치 완료 화면

STEP 3 **잘 설치되었는지 확인하기**

파이썬이 잘 설치되었는지 확인해 봅시다. 명령 프롬프트(cmd)를 열고* 설치된 파이썬 버전을 확인하는 **명령어(python --version)**를 입력합니다(--version을 쓸 때 -를 두 번 입력해야 합니다). 버전이 확인된다면 파이썬 설치가 성공적으로 되었다는 것을 의미합니다.

💬 Ctrl + R 키를 눌러서 실행창을 열고, 'cmd'를 검색하면 명령 프롬프트가 실행됩니다.

▲ 명령 프롬프트 실행

▲ 설치된 파이썬 버전 확인

파이썬 설치(맥 OS)

윈도우와 다르게 맥 OS에는 기본적으로 파이썬이 설치되어 있습니다. 하지만 기본적으로 설치된 파이썬의 버전은 파이썬 2*입니다. 이 책에서는 파이썬 3을 다루기 때문에, 파이썬 3을 별도로 설치하겠습니다.

💬 파이썬 2는 2020년 1월 1일부터 공식적인 지원이 종료되었습니다. 더 이상 이 버전에 대한 업데이트는 진행되지 않습니다.

STEP 1   파이썬 설치 파일 실행하기

앞에서 다운로드한 설치 파일을 더블 클릭하여 실행합니다.

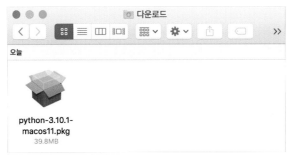

python-3.10.1-
macos11.pkg
39.8MB

▲ 파이선 설치 파일 실행

STEP 2   파이썬 설치 작업 진행하기

파일을 더블 클릭하면 대화상자가 나타납니다. 그리고 설치 파일에 대한 소개, 소프트웨어 사용에 대한 계약 내용이 순서대로 나타납니다. 내용을 확인한 후 [계속] 버튼을 클릭하고, 계약 내용이 나오면 [동의] 버튼을 클릭하세요.

▲ 파이썬 소개 및 이용 약관   ▲ 이용 약관에 동의

이어서 파이썬을 설치할 공간을 선택하고 [설치] 버튼을 클릭하세요. 조금 기다리면 설치 작업이 완료됩니다.

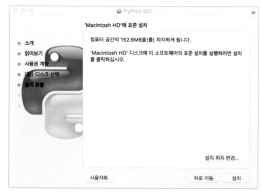

▲ 저장 공간 및 설치 유형 지정 후 설치

STEP 3   잘 설치되었는지 확인하기

터미널을 열고* 설치된 파이썬 버전을 확인하는 **명령어(python --version)**를 입력합니다(--version을 쓸 때 -를 두 번 입력해야 합니다). 설치된 파이썬 버전이 잘 뜬다면 설치가 성공적으로 되었다는 것을 의미합니다.

●●● ⌘ 키와 Space Bar 를 동시에 누르면 검색 기능이 실행되는데, 여기서 '터미널'을 검색해 열 수 있습니다.

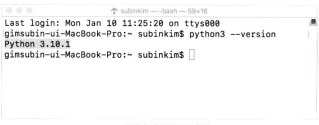

▲ 설치된 파이썬 버전 확인

② 컴파일 언어와 인터프리터 언어

여러 프로그래밍 언어를 구분할 수 있는 기준은 많습니다. 만약 '프로그램을 실행하기 전에 컴퓨터가 이해할 수 있는 언어로 번역하는가?'를 기준으로 한다면, 프로그래밍 언어는 컴파일 언어와 인터프리터 언어로 구분할 수 있습니다.

컴파일 언어(Compiled language)는 작성된 코드를 기계가 이해할 수 있는 기계어로 번역한 후 실행하는 방식을 갖습니다. 작성한 코드 전체를 한꺼번에 번역하기 때문에 그 과정이 번거롭고 오래 걸리지만, 한 번 번역해 두면 실행 파일이 생성되어 실행할 때마다 번역하지 않아도 된다는 장점이 있습니다. 대표적으로 C, C++과 같은 언어가 컴파일 언어에 해당됩니다.

인터프리터 언어(Interpreted language)는 작성된 코드를 한 줄씩 번역하고 이와 동시에 한 줄씩 실행하는 방식을 갖습니다. 프로그램을 실행할 때마다 코드를 번역해야 하므로 실행 속도는 비교적 느리지만, 줄 단위로 번역되기 때문에 번역 속도는 빠르다는 장점이 있습니다. 대표적으로 파이썬, R과 같은 언어가 인터프리터 언어에 해당됩니다.

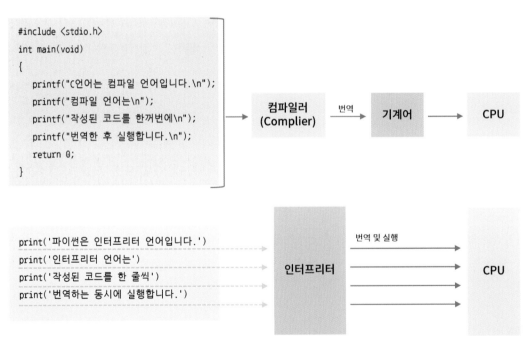

▲ 컴파일 언어와 인터프리터 언어 비교

③ 파이썬과 대화하기

인터프리터 언어인 파이썬은 대화형 실행 환경(REPL)*을 활용하여 코드를 작성할 수 있습니다. REPL을 사용하면 코드를 한 줄씩 입력할 때마다 그 결과를 바로 확인할 수 있어서, 말 그대로 파이썬과 대화하는 기분을 느낄 수 있습니다. 먼저 내 PC의 운영체제에 따라 REPL을 실행해 봅시다.

●●●● Read-Eval-Print Loop의 약자로, 코드를 읽고(Read) 평가하고(Evaluate) 결과를 표시(Print)하는 것을 반복(Loop)한다는 의미입니다.

윈도우에서 REPL 실행하기

앞에서 파이썬이 잘 설치되었는지 확인하며 열었던 명령 프롬프트(cmd)를 다시 열어봅시다. 명령 프롬프트 화면에 명령어 **python**을 입력하고 [Enter↵] 키를 누르세요. 화면에 >>>가 표시된다면 REPL이 잘 시작되었다는 뜻입니다.

▲ REPL 화면 (윈도우)

맥 OS에서 REPL 실행하기

앞에서 파이썬이 잘 설치되었는지 확인하며 열었
던 터미널을 다시 열어봅시다. 터미널 화면에 명령
어 **python3**를 입력하고 [Enter↵] 키를 누르세요. 화면
에 **>>>**가 표시된다면 REPL이 잘 시작되었다는 뜻입
니다.

▲ REPL 화면 (맥 OS)

REPL 실행 방법을 알았으니 종료하는 방법도 알아봅시다. 명령 프롬프트(cmd) 또는 터미널 창을 닫
거나 화면에 표시된 **>>>** 뒤에 **quit()**이라고 입력해 보세요. **>>>** 표시가 사라지면 REPL이 종료된 것입
니다.

REPL을 통해 파이썬과 대화하기

자, 이제 REPL을 통해 파이썬과 대화를 나눠 봅시다. 파이썬에게 몇 가지 계산을 시켜 볼까요? 파이썬
을 마치 계산기처럼 사용해 봅시다.

∨ REPL

```
>>> 1 + 100
101
>>> 100 + 200
300
>>> 10 * 8
80
```

파이썬의 곱셈 연산자는 *입니다. 자세한 내용은 CHAPTER 02에서 학습합니다.

파이썬은 사용자의 입력을 기다린다는 의미로 **>>>**를 표시합니다. **>>>** 옆에 원하는 수식을 입력하면
파이썬은 계산 결과를 대답해 주고, 또 다음 명령을 기다립니다. 정말 대화를 나누는 것 같죠? 이렇게
REPL을 사용하면 입력한 코드가 즉시 번역되고 실행되어, 결과를 바로 확인할 수 있습니다.

4 파이썬 개발 환경 IDLE

파이썬을 설치하면 기본적으로 통합 개발 환경인 **IDLE(Integrated DeveLopment Environment)***이 함께 설치됩니다. IDLE은 파이썬 프로그래밍을 통합적으로 도와주는 개발 환경입니다. 우리가 글을 쓸 때는 워드, 발표 자료를 만들 때는 파워포인트 등과 같은 프로그램을 사용하듯이, 앞으로 파이썬 프로그래밍을 할 때 이 IDLE를 사용하게 됩니다.

💬 IDLE에 대한 자세한 설명은 다음의 링크에서 확인해 보세요. (https://docs.python.org/ko/3/library/idle.html)

IDLE은 파이썬 도구 중 하나인 tkinter를 활용하여 파이썬으로 개발된 프로그램입니다. 즉, 파이썬을 위해 파이썬으로 만든 프로그램이라고 할 수 있죠. IDLE은 윈도우나 맥 OS 등 모든 운영체제에서 거의 동일한 방법으로 사용할 수 있습니다.

윈도우

시작 메뉴에서 [Python 3.x 〉 IDLE]을 클릭하거나 아래 그림처럼 'python'을 검색하여 실행할 수 있습니다.

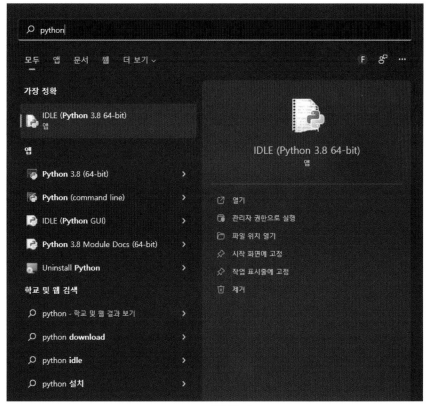

▲ IDLE 실행 (윈도우)

맥 OS

스포트라이트(⌘ 키 + Space Bar)를 통해 IDLE을 검색하여 실행할 수 있습니다.

▲ IDLE 실행 (맥 OS)

그럼 IDLE을 조금 더 살펴볼까요? IDLE은 셸(Shell)과 에디터(Editor), 크게 두 가지 화면으로 구성되어 있습니다.

셸(Shell)은 대화형 실행 환경(REPL)에 해당하는 화면입니다. 운영체제와 상관없이 사용할 수 있는 REPL로, 앞에서 살펴본 방식과 동일하게 파이썬과 대화를 나눌 수 있습니다.

▲ 윈도우의 셸   ▲ 맥 OS의 셸

에디터(Editor)는 파이썬 코드를 작성하고 편집하는 화면입니다. 한 줄씩 짧게 대화를 나누듯 코드를 입력하고 결과를 확인하는 REPL과는 다르게, 비교적 긴 코드를 작성할 때 에디터를 사용합니다. 에디터에서 작성한 코드를 실행한 결과는 셸에서 확인할 수 있습니다.* 앞으로 우리는 주로 IDLE의 에디터에서 파이썬 프로그래밍을 할 것입니다. 자주 보게 될 화면이니 에디터에 어떤 메뉴들이 있는지 직접 클릭해보고 살펴보세요.

💬💬💬 에디터의 실행 방식은 다음 절(1.3)에서 자세히 학습합니다.

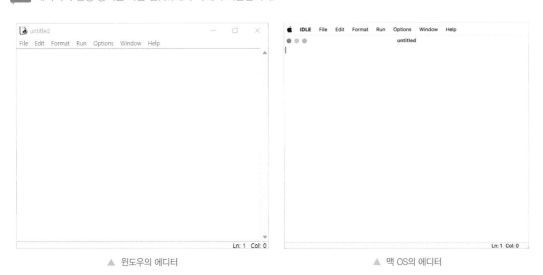

▲ 윈도우의 에디터   ▲ 맥 OS의 에디터

이 절에서 우리는

　파이썬 프로그래밍을 준비하는 시간을 가졌습니다. 파이썬 공식 홈페이지에서 파이썬 설치 파일을 다운로드하고, 내 PC의 운영체제에 맞게 파이썬을 직접 설치했습니다. 파이썬은 코드를 한 줄씩 번역하고 실행하는 인터프리터 언어라는 것을 이해하고, 대화형 실행 환경인 REPL을 통해 파이썬과 직접 대화를 나눠 보았습니다. 파이썬과 함께 설치된 개발 환경인 IDLE를 살펴보며, IDLE의 셸과 에디터가 각각 어떤 역할을 하는지 이해했습니다.

이제 파이썬 프로그래밍을 하기 위한 준비는 모두 끝났습니다. 이번 절에서 여러분은 처음으로 파이썬과 대화도 나눠 보았는데요. 다음 절에서는 IDLE의 에디터를 사용하여 파이썬과 더 깊은 대화를 나눠 봅시다.

나의 첫 번째 파이썬 스크립트

학습 포인트 ✏️

☐ 프로그래밍에서의 스크립트는 무엇인지 이해할 수 있어요.
☐ IDLE의 에디터 화면을 사용할 수 있어요.
☐ IDLE을 사용하여 파이썬 스크립트를 작성하고 실행할 수 있어요.

학습 안내 💬

우리는 1.2 파이썬 프로그래밍 준비하기에서 파이썬의 기본 개발 환경인 IDLE을 살펴보았습니다. IDLE은 대화형 실행 환경인 셸과 파이썬 코드를 작성하고 편집하는 에디터로 구성되어 있었죠. 이번 절에서는 IDLE 사용법을 더 알아보고, 셸이 아닌 에디터에서 파이썬 프로그래밍을 해봅니다. IDLE은 앞으로 계속 사용할 도구이니 익숙해질 수 있도록 여러 번 연습해 봅시다.

1 첫 번째 파이썬 스크립트

파이썬뿐만 아니라 프로그래밍을 하다 보면 '스크립트'라는 단어를 자주 듣게 됩니다. 프로그래밍에서의 스크립트는 어떤 의미인지 잠깐 짚고 가봅시다.

스크립트(script)는 특정 기능을 만들기 위해 필요한 명령어 모음입니다. 즉, 파이썬 스크립트는 명령어가 파이썬으로 작성된 스크립트인 것입니다.

스크립트는 원래 '대본'이라는 뜻을 갖고 있습니다. 영화배우는 작가가 작성한 대본을 보고 연기를 한다면, 파이썬은 개발자가 작성한 스크립트를 보고 동작을 하는 것이죠. 스크립트의 의미를 잘 이해했나요? 자, 그럼 우리 모두 개발자가 되어 첫 번째 파이썬 스크립트를 작성해 봅시다.

STEP 1 폴더 만들기

먼저 여러분의 PC에 파이썬 스크립트를 저장할 폴더를 만들어 보세요. 앞으로 이 책에서 만드는 모든 스크립트를 저장할 폴더입니다. 폴더의 위치는 여러분이 접근하기 편한 곳이면 어디든 상관없습니다.

STEP 2 파이썬 스크립트 작성하기

파이썬 IDLE을 열고 첫 번째 스크립트를 작성해 봅시다. 스크립트는 하나의 파이썬 파일을 의미하기도 합니다. 셸 화면 상단에서 [File > New File]을 선택하면 IDLE의 에디터 화면이 뜨고, 새로운 파이썬 파일을 만들 수 있습니다.

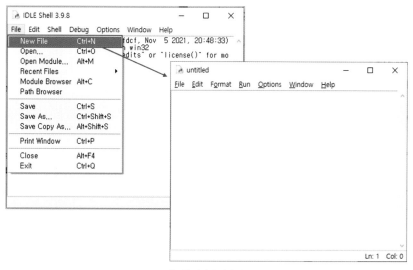

▲ 새로운 파이썬 파일 만들기

먼저 다음과 같이 입력해 볼까요?

```
print('안녕 파이썬')
```

코드 한 줄 입력하면 바로 실행되는 셀과 달리, 에디터에서는 파이썬 파일을 저장해야 실행할 수 있습니다. 에디터 화면의 메뉴 [File]에서 [Save]를 선택하거나 단축키 Ctrl(또는 ⌘) + S를 누르면, 원하는 제목으로 파일을 저장할 수 있습니다. 이때 파일 뒤에 붙는 **.py**는 파이썬 파일의 확장자입니다. **STEP 1**에서 만든 폴더에 파일을 저장해 보세요.

▲ 파이썬 파일 저장하기

STEP 3 **파이썬 스크립트 실행하기**

이제 저장한 파일을 실행해 볼까요? 에디터 화면의 메뉴 [Run]에서 [Run Module]을 선택하거나 단축키 F5를 클릭하면, 현재 에디터에 띄워진 파일을 실행할 수 있습니다. 실행 결과는 셀 화면에서 확인할 수 있습니다.

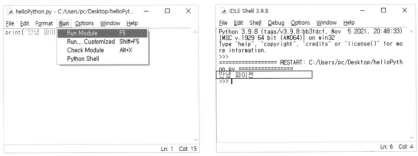

▲ 파이썬 스크립트 실행

작성한 문장이 화면에 잘 출력되었나요? 축하합니다! 첫 번째 파이썬 스크립트를 잘 작성했네요. 방금 전 스크립트에 파이썬 명령어를 더 작성하고 실행해 보세요.

파이썬 파일의 제목입니다. helloPython.py

```python
print('안녕 파이썬')
print('나의 첫 번째 파이썬 스크립트')
print('멋지죠?')
```

print는 괄호 속 내용을 화면에 띄워주는 명령어입니다.

실행 결과

```
안녕 파이썬
나의 첫 번째 파이썬 스크립트
멋지죠?
```

이 절에서 우리는

프로그래밍에서의 스크립트는 무엇인지 이해하고 파이썬 스크립트를 직접 만들어 보았습니다. 셀과 같은 대화형 환경이 아닌 IDLE의 에디터를 사용하여 파이썬 프로그래밍을 해보면서, 에디터의 역할을 이해하고 사용 방법을 익힐 수 있었습니다.

본격적인 에디터 사용은 CHAPTER 03부터 시작하고, CHAPTER 02는 대화형 실행 환경에서 간단히 파이썬 코드를 작성하면서 기초 문법을 이해하는 시간을 갖습니다. 물론 CHAPTER 02부터 에디터를 사용하여 작성하는 모든 코드를 파일 형태로 저장해도 좋습니다. 정해진 방식은 없으니, 자신에게 좋은 방법을 선택하여 학습해 보세요!

🔍 알아보기 **PyCharm: 파이썬을 위한 통합 개발 환경**

파이썬에서 기본적으로 제공하는 IDLE 외에도, 별도로 설치하여 사용할 수 있는 통합 개발 환경이 많이 있습니다. 그중 JetBrains*에서 만든 **PyCharm**이라는 환경을 간단히 소개합니다.

💬···· 소프트웨어 개발자를 위한 도구를 만드는 체코 회사입니다.

▲ 파이참 로고

▲ 파이참 화면

PyCharm은 아래와 같은 특징을 가져, 단순 파이썬 에디터보다 더욱 간편하고 편리하게 프로그래밍 할 수 있습니다.

- 코드를 자동 완성하고, 잘못 작성된 코드를 인식하여 즉각적으로 수정합니다.
- 큰 규모의 프로젝트에서도 필요한 코드를 쉽게 검색하고 수정할 수 있습니다.
- 필요한 파이썬 패키지를 쉽고 빠르게 설치할 수 있습니다.

PyCharm은 전문 개발자를 위한 Professional 버전, 무료로 제공하는 Community 버전이 있습니다. 커뮤니티 버전은 Professional 버전보다 기능이 다소 축소화되긴 했지만, 무료로 사용할 수 있다는 것이 큰 장점입니다.

[PyCharm 다운로드 링크] https://www.jetbrains.com/ko-kr/pycharm/download/

파이썬과 친해지기
– 자료형

숫자로 자료형 이해하기

학습 포인트 ✏️

☐ 숫자로 다양한 연산을 할 수 있어요.
☐ 숫자형 안에서 정수(integer)와 실수(float)를 구분할 수 있어요.
☐ 자료형(Data Type)을 이해할 수 있어요.

학습 안내 💬

우리는 파이썬 프로그래밍을 통해 다양한 문제를 해결해볼 것입니다. 그러기 위해 먼저 파이썬 세상에서는 데이터를 어떻게 표현하는지 알아야 하는데요, 그 방법은 바로 자료형(Data Type)을 이용하는 것입니다. 그래서 CHAPTER 02에서는 파이썬의 다양한 자료형을 만나고 각 자료형마다 어떤 특징이 있는지 살펴봅니다. 이 절에서는 그중 숫자형을 살펴보면서 자료형을 이해해 봅시다.

자료형	데이터 예시
숫자	100, −3, 828.5, 60, 0
문자열	"python", "안녕하세요", '6', '16살'
리스트	[1, 3, 5, 7, 9], ["바나나", "사과", "키위"]
딕셔너리	{"학년" : 3, "반" : 5, "담임선생님" : "김나래"}

1 숫자형으로 하는 다양한 연산

Python Shell(IDLE)을 사용하여 간단한 숫자 연산을 해봅시다. 먼저 사칙연산부터 시작해 볼까요? 여러분이 원하는 숫자를 사용해 보세요.

∨ Python Shell

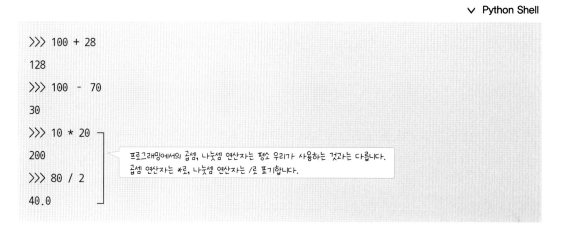

```
>>> 100 + 28
128
>>> 100 - 70
30
>>> 10 * 20
200
>>> 80 / 2
40.0
```

프로그래밍에서의 곱셈, 나눗셈 연산자는 평소 우리가 사용하는 것과는 다릅니다.
곱셈 연산자는 *로, 나눗셈 연산자는 /로 표기합니다.

이번엔 여러 가지 연산자를 함께 사용해 볼까요?

∨ Python Shell

```
>>> 100 + 200 * 3
700
>>> (100 + 200) * 3
900
```

곱셈, 나눗셈은 덧셈, 뺄셈보다 먼저 계산됩니다. 계산에 괄호가 사용되면 괄호 안쪽에 있는 식이 먼저 계산됩니다. 그런데 사실 파이썬은 사칙연산 외에도 더 많은 연산을 할 수 있습니다. 어떤 연산을 더 할 수 있는지 함께 알아볼까요?

연산자	의미	연산 예시	예시 결과
a + b	a와 b의 합	3 + 7	10
a - b	a와 b의 차	7 - 3	4
a * b	a와 b의 곱	3 * 7	21
a / b	a를 b로 나눈 몫(소수점 이하 포함)	5 / 2	2.5
a // b	a를 b로 나눈 몫(소수점 이하 미포함)	5 // 2	2
a % b	a를 b로 나눈 나머지	5 % 2	1
a ** b	a의 b승(거듭제곱)	5 ** 3	125

먼저 거듭제곱 연산자를 알아봅시다. 이번에도 Python Shell을 사용해 볼게요.

∨ Python Shell

```
>>> 10 * 2
20
>>> 10 ** 2
100
>>> 10 ** 5
100000
```

거듭제곱은 똑같은 수를 여러 번 곱하는 것을 의미합니다. 10 ** 2는 10을 2번 곱하는 것(10 * 10), 10 ** 5는 10을 5번 곱하는 것(10 * 10* 10 * 10 * 10)을 의미합니다.

이어서 나눗셈과 관련된 세 가지 연산자를 사용하며 비교해 봅시다.

∨ Python Shell

```
>>> 5 / 2
2.5
>>> 5 // 2
2
>>> 5 % 2        5를 2로 나눈 나머지를 나타냅니다.
1
```

연산자 /와 //의 차이점을 이해했나요? 연산자 /는 연산 결과에 항상 소수점 이하를 포함하는 반면, 연산자 //는 그 결과에서 소수점 이하를 제외합니다. 연산자 //을 활용한 연산은 '정수 나눗셈(Floor Division)'이라고도 합니다. 이번에는 나머지 없이 나누어떨어지는 나눗셈 연산에 두 연산자를 사용해 봅시다.

∨ Python Shell

```
>>> 4 / 2
2.0
>>> 4 // 2
2
```

연산자 /는 위와 같이 나머지가 없는 연산에서도 소수점을 포함한 결과를 냅니다. 연산자 /의 결과는 항상 **실수(float)**이고, 연산자 //의 결과는 항상 **정수(integer)**입니다.

② 정수와 실수

정수(integer)는 음의 정수, 0, 양의 정수를 표현하는 자료형입니다. 파이썬에서 int로 줄여서 표기하며 나의 나이, 번호 등을 표현하기 좋습니다. 실수(float)는 소수점이 포함된 숫자를 표현하는 자료형입니다. 정수와 달리 소수점까지 표현할 수 있는 실수는 나의 정확한 키나 몸무게, 100m 달리기 기록 등을 표현하기에 좋습니다.

앞에서 4 나누기 2를 했을 때, 연산자 /를 이용한 결과는 실수, 연산자 //를 이용한 결과는 정수로 나온 것을 확인했습니다. 그렇다면 파이썬은 숫자 2와 2.0을 정말 다른 형태의 숫자로 인식하는 걸까요?

이처럼 파이썬에서 데이터 형태를 알고 싶을 땐, 함수 type( )*을 사용합니다. 이 함수를 이용하면 데이터의 형태, 즉 자료형을 알 수 있습니다.

💬 '함수'는 이 책의 CHAPTER 04에서 다룹니다. 지금은 함수를 '우리가 원하는 기능을 가진 명령어' 정도로 이해해도 좋습니다.

∨ Python Shell

```
>>> type(3)          함수 type()의 괄호 속에 입력한 데이터의 형태를 알 수 있습니다.
<class 'int'>
>>> type(3.0)
<class 'float'>
```

필요에 따라서는 함수 float( )와 함수 int( )를 사용하여 괄호 속 정수를 실수로, 괄호 속 실수를 정수로 변환할 수도 있습니다.

∨ Python Shell

```
>>> float(3)
3.0
>>> float(5)
5.0
>>> int(3.0)
3
>>> int(5.7)
5
```

앞에서 나눗셈 연산자 /는 연산 결과로 항상 실수를 갖는다는 것을 학습했습니다. 함수 int()를 활용하여 그 결과를 정수로 변환해 봅시다.

··· 실수(float)가 하나라도 포함된 숫자 사칙연산이라면, 그 결과는 항상 실수입니다. 단, 나눗셈 연산은 정수만으로 이뤄진 연산도 실수를 그 결과로 갖습니다.

∨ Python Shell

```
>>> 5 / 2
2.5
>>> int(5 / 2)
2
```

이 절에서 우리는

숫자형으로 다양한 연산을 해보았습니다. 사칙 연산자 외에도 몫, 나머지 연산자 그리고 거듭제곱 연산자도 알게 되었습니다. 그리고 숫자형 안에서 정수와 실수라는 자료형을 학습했습니다. 앞으로 숫자 외에도 다양한 파이썬의 자료형들을 만나볼 것입니다. 그렇다고 자료형들을 어렵게 생각하진 마세요! 우리가 글, 그림, 소리 등 다양한 형태로 데이터를 표현하는 것처럼, 컴퓨터 또한 더 쉽고 효율적인 처리를 위해 다양한 자료형으로 데이터를 표현한다고 이해하면 어떨까요?

정수와 실수를 함께 연산하면?

우리는 숫자형과 숫자형으로 할 수 있는 연산에 대해 배웠습니다. 그리고 정수와 실수에 대해 배우며 컴퓨터가 5와 5.0을 각각 다른 형태의 숫자로 이해한다는 것을 알았습니다.

앞에서 한 정수끼리의 연산을 떠올려 봅시다. 그 연산 결과는 항상 정수였나요? 또 정수와 실수를 함께 연산할 수도 있을까요? 그 결과는 어떤 형태일까요? 파이썬 셸에 몇 가지 연산을 직접 해보면서 궁금증을 해소해 봅시다!

∨ **Python Shell**

```
>>> 10 + 2, 10 - 2
(12, 8)
>>> 10 * 2, 10 ** 2
(20, 100)
>>> 10 / 2, 10 // 2
(5.0, 5)
```

> 여러 개의 데이터를 콤마(,)로 연결하여 출력할 수 있습니다. 결과는 소괄호에 감싸져 나오는데 이를 튜플이라고 합니다. 튜플은 2.5절에서 배웁니다.

정수로만 이루어진 연산의 결과는 나누기 연산(/)을 제외하고 항상 정수입니다. 앞에서도 설명한 것처럼 나누기 연산의 결과는 항상 실수입니다.

∨ **Python Shell**

```
>>> 10.0 + 2, 10.0 - 2.0
(12.0, 8.0)
>>> 10 * 2.0, 10.0 ** 2
(20.0, 100.0)
>>> 10.0 / 2, 10.0 // 2.0
(5.0, 5.0)
>>> 10.5 // 2
5.0
```

실수가 하나라도 포함된 연산의 결과는 항상 실수입니다. 결과에 소수점 이하를 포함하지 않는 몫 연산(//)도 마찬가지입니다. 나누어 떨어지는 연산(10.0 // 2.0)과 그렇지 않은 연산(10.5 // 2)의 결과 모두 실수인 것을 확인할 수 있습니다.

연산의 결과가 어떤 형태인지 외울 필요는 없습니다. 컴퓨터가 정수와 실수를 다른 숫자로 이해하고 있다는 것과, 피연산자* 형태에 따라 연산 결과의 형태가 다를 수 있다는 것을 알고 있으면 됩니다. 그리고 필요에 따라 함수 int( ), float( ) 등으로 연산 결과를 형 변환하면 되겠죠?

•••• 연산의 대상이 되는 데이터를 의미합니다.

2.2

변수(Variable)

학습 포인트 ✏️

□ 변수의 의미와 사용하는 이유를 알 수 있어요.
□ 변수를 선언하고 사용할 수 있어요.
□ 변수를 활용하여 다양한 연산을 할 수 있어요.

학습 안내 💬

우리가 자주 사용하는 웹사이트의 한 페이지를 떠올려 봅시다. 그 페이지에는 꽤 많은 데이터들이 보일 것입니다. 동영상 공유 플랫폼인 유튜브(YouTube)의 영상 재생 페이지를 생각해 볼까요?

▲ 유튜브의 영상 재생 페이지

위 화면에 보이는 데이터들은 시간의 흐름 또는 사용자들의 참여 등에 따라 끊임없이 업데이트될 수 있습니다. 예를 들면 영상의 재생 시간, 댓글 수와 같은 것들이지요. 그렇다면 컴퓨터는 이렇게 프로그램 실행 도중에 변경될 수 있는 값들을 어떻게 기억하는 걸까요? 파이썬에서는 프로그램에 필요한 데이터를 한 공간에 기억해둘 수 있습니다. 이러한 공간을 변수(Variable)라고 합니다.

1 변수, 필요한 데이터를 기억하는 공간

먼저 Python Shell(IDLE)을 사용하여 변수를 만들고 사용해 봅시다. 앞에서 다룬 숫자 데이터를 기억할 수 있는 변수를 만들어 볼까요?

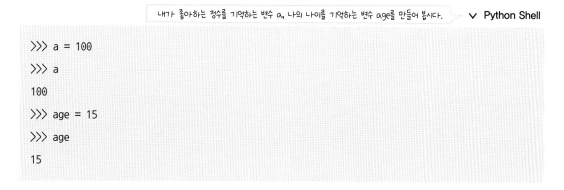

내가 좋아하는 정수를 기억하는 변수 a, 나의 나이를 기억하는 변수 age를 만들어 봅시다. ∨ Python Shell

```
>>> a = 100
>>> a
100
>>> age = 15
>>> age
15
```

사용할 변수를 만드는 것을 '변수를 선언한다'고 합니다. 변수 선언 방법은 아래와 같습니다.

- **변수명 = 데이터 형태**로 변수를 선언합니다.
- 변수에 기억할 데이터를 담는 것을 **'대입한다'**고 하며, **연산자 =는 '대입 연산자'**입니다.
- 선언하지 않은 변수는 사용할 수 없습니다.

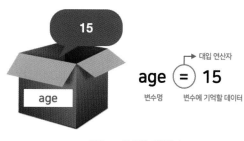

▲ 변수 age에 15를 대입한다

조금 더 다양한 데이터를 담은 변수들을 선언해 보면서 변수 선언 방법을 익혀 봅시다.

∨ Python Shell

```
>>> height = 170.5
>>> height
170.5
>>> name = '김파이'
>>> name
'김파이'
```

앞의 예시에서 선언한 변수 name에는 문자열 데이터를 담고 있습니다. 이처럼 변수는 숫자 데이터뿐만 아니라 문자, 문자열 데이터*를 담기도 합니다.

💬 '문자열'은 2.3 순서 있는 **자료형 (1)**에서 다룹니다. 지금은 따옴표로 감싼 형태의 자료형 정도로 이해해도 좋습니다.

2 변수를 사용한 연산

매년 증가하는 사람의 나이를 알려주는 프로그램을 만든다고 해봅시다. 먼저 나이 데이터를 담은 변수를 선언해야겠죠? 그리고 매년 한 살씩 나이를 먹으니, 변수에 저장된 값은 매년 1씩 증가되어야 합니다.

ˇ Python Shell

```
>>> age = 15
>>> age
15
>>> age = 16
>>> age
16
```

한 번 선언한 변수에는 값을 여러 번 바꿔 넣을 수 있습니다. 다만, **변수는 한 가지 값만을 기억하기 때문에 이전에 대입한 값은 기억하지 못합니다.** 위 예시의 변수 age는 새로운 값으로 16을 대입했기 때문에 이전 값인 15는 더 이상 기억하지 못하게 됩니다.

이번에는 앞 절(2.1)에서 학습한 덧셈 연산을 활용하여 변수값을 변경해 봅시다.

ˇ Python Shell

```
>>> age = 15
>>> age
15
>>> age + 1
16
>>> age
15
```

방금 전 예시처럼 변수 age에 덧셈을 한 후 변수의 값을 확인해 보면, 변수 age에 저장된 값이 변경되지 않았다는 것을 알 수 있습니다. 단순히 변수에 저장된 값을 호출해서 더했기 때문입니다.

그렇다면 변수에 값을 더하고 그 값을 저장하려면 어떻게 해야 할까요? 변수 age에 덧셈을 한 후 다시 그 값을 변수 age에 대입해 주어야 합니다.

∨ Python Shell

```
>>> age = 15
>>> age
15
>>> age = age + 1
>>> age
16
```

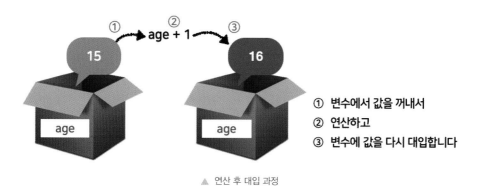

① 변수에서 값을 꺼내서
② 연산하고
③ 변수에 값을 다시 대입합니다

▲ 연산 후 대입 과정

기본 연산 후 변수에 다시 대입하는 코드를 조금 더 간단히 작성하면 아래와 같습니다. 이렇게 기본 연산자와 대입 연산자를 함께 사용하는 연산자(+=)를 **복합대입연산자**라고도 합니다.

∨ Python Shell

```
>>> age = 15
>>> age
15
>>> age += 1        age += 1은 age = age + 1과 같은 의미입니다. 참고로 age -= 1은 age = age - 1과 같습니다.
>>> age
16
```

이 절에서 우리는

프로그램에서 변수를 사용하는 이유를 이해하고 변수의 사용 방법을 알아보았습니다. 그리고 특정 데이터를 담아 변수를 선언하는 방법, 변수에 담긴 데이터를 확인하는 방법, 그리고 변수를 활용하여 연산하는 방법을 학습했습니다. 또한 조금 더 간결한 코드를 만들기 위한 복합대입연산자도 알아보았습니다. 우리는 앞으로 많은 변수를 선언하고 활용하게 될 텐데요, 그만큼 변수는 중요한 역할을 합니다. 변수는 프로그램 실행 중 변경될 수 있는 값을 기억하는 공간임을 잊지 마세요!

🔍 알아보기 변수 이름 짓기

변수 이름은 어떻게 정하는 것이 좋을까요? 파이썬에서 변수의 이름을 정할 때 지켜야 할 규칙이 몇 가지 있습니다. 아래 규칙을 살펴봅시다.

1) 숫자, 문자(알파벳, 한글), 밑줄 기호(_)를 포함할 수 있습니다.
2) 숫자로 시작할 수 없습니다. (예: age2는 가능하지만 2age는 불가능)
3) 파이썬에서 특별한 역할을 하고 있는 단어는 사용할 수 없습니다. (예: if, while 등)

이러한 규칙을 잘 지키는 것도 중요하지만 한 가지 더 중요한 것이 있습니다. 앞에서 '나이'를 담은 변수를 age라고 지었죠? 만약 이 변수 이름을 a라고 지었다면 어땠을까요? 변수 안에 담긴 데이터를 쉽게 파악하지 못했을 겁니다. 이처럼 데이터 의미를 쉽게 파악할 수 있는 이름으로 변수 이름을 정하는 것도 중요합니다.

앞으로 프로그래밍을 하다 보면 변수 이름에 대해 고민이 들 때가 있을 겁니다. 그런 우리를 위해 변수 이름을 지어주는 사이트도 있네요! 변수 이름 짓기로 도움이 필요할 땐 아래 링크를 참고해 보세요.

[링크] https://www.curioustore.com

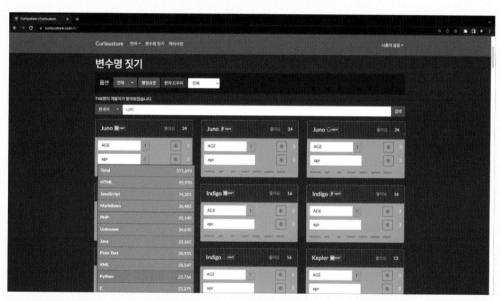

▲ [링크]의 화면

순서 있는 자료형 (1): 문자열

학습 포인트 🖉

- ☐ 시퀀스 자료형을 이해하고 그중 하나인 문자열을 표현할 수 있어요.
- ☐ 인덱스 개념을 이해하고 활용하여 데이터에 접근할 수 있어요.
- ☐ 시퀀스 자료형의 연산과 문자열 자료형만의 연산을 할 수 있어요.

학습 안내 💬

파이썬에서는 데이터에 순서를 매겨 나열한 몇 가지 자료형이 있습니다. 이러한 자료형들을 시퀀스(Sequence) 자료형이라고 합니다. 이번 절에서 알아볼 문자열(String)은 여러 문자를 이어서 열을 이룬 것으로, 시퀀스 자료형 중 하나입니다.

자료형	데이터 예시
문자열(String)	"python", "안녕하세요", '6', '16살'
리스트(List)	[1, 3, 5, 7, 9], ["바나나", "사과", "키위"]
튜플(Tuple)	(100, 200, 300), ('Chloe', '김수빈')

1 문자열 표현 방법

파이썬에서 문자열을 표현하는 방법은 다양합니다. 그중에서 Python Shell(IDLE)을 사용하여 원하는 문자열을 표현해 보겠습니다.

먼저, 문자열 표현 결과를 살펴보기 위해 **함수 print()***를 사용해 봅시다.

> ∨ Python Shell

```
>>> print('python')
python
>>> print("Chloe Kim")
Chloe Kim
>>> print('Hello Python 3.9')
Hello Python 3.9
```

알고 넘어가기 │ **함수 print()**

함수 print()는 괄호 안의 데이터를 화면에 보여주는 출력 함수입니다. 출력하여 확인하고 싶은 데이터를 함수 괄호 안에 넣으면 됩니다. 여러 개의 데이터를 한 번에 출력하고 싶다면 데이터를 쉼표(,)로 연결해서 나열해 보세요!

> ∨ Python Shell

```
>>> print(100)
100
>>> print(100, 'abc')
100 abc
>>> print(1, 2, 3)
1 2 3
```

문자열은 작은따옴표나 큰따옴표로 감싸서 표현할 수 있습니다. 이렇게 두 가지 방법이 존재하는 이유는 무엇일까요? 바로 아래 예시와 같이, 문자열에 따옴표 자신을 포함해야 하는 경우를 위해서입니다.

∨ Python Shell

```
>>> print('"Life is too short, you need python!" he said.')
"Life is too short, you need python!" he said.

>>> print("Chloe's Diary")
Chloe's Diary
```

문자열을 여러 줄에 걸쳐서 표현하고 싶을 땐 어떻게 할까요? 작은따옴표나 큰따옴표를 세 개씩 사용하여 문자열을 감싸주면 됩니다. 이번에는 문자열을 변수에 담아서 출력해 봅시다.

∨ Python Shell

```
>>> s = '''이름: 클로이
나이: 15
사는 곳: 판교'''
>>> print(s)
이름: 클로이
나이: 15
사는 곳: 판교
```

2 문자열 이어 붙이기와 반복하기

우리는 앞에서 숫자 자료형을 통해 파이썬 사칙 연산자를 학습했습니다. 문자열 또한 숫자 자료형처럼 사칙 연산자를 활용하여 연산을 할 수 있습니다. 어떤 연산을 할 수 있는지 아래 표를 살펴봅시다.

연산자	의미	연산 예시	예시 결과
s1 + s2	**문자열 병합** 문자열 s1과 문자열 s2 이어 붙이기	'py' + 'thon'	'python'
s1 * n 또는 n * s1	**문자열 반복** 문자열 s1을 n번 반복하기	'py' * 3	'pypypy'

Python Shell(IDLE)을 사용하여 여러분이 원하는 문자열을 이어 붙이거나 반복하는 연산을 해봅시다.

∨ Python Shell

```
>>> s1 = 'py'
>>> s2 = 'thon'         변수 s1과 s2에 여러분이 원하는 문자열을 각각 넣고 연산해 보세요.
>>> s1 + s2
>>> 'python'
>>> s1 * 3
>>> 'pypypy'
```

숫자끼리 더할 수 있듯이, 문자열도 다른 문자열과 더할 수 있다는 것을 확인했습니다. 그렇다면 숫자와 문자열도 서로 더할 수 있을까요? **변수 age**에 나의 나이를 대입하고, 나이를 소개하는 문장을 출력해 봅시다.

∨ Python Shell

```
>>> age = 15
>>> print("저는 " + age + "살입니다.")
```

실행 결과가 어떻게 나오나요? 실행 결과의 마지막 줄을 보면 TypeError, 즉 형(type)과 관련된 오류가 발생되었음을 확인할 수 있습니다. 그리고 **can only concatenate str (not "int") to str**라고 오류를 설명하는데, 이는 **문자열(str)은 정수(int)가 아닌 문자열과 연결할 수 있다**라는 뜻입니다.

숫자형을 학습할 때 정수를 실수로, 실수를 정수로 변환한 함수 float()와 int()를 기억하나요? 위 오류도 정수인 변수 age를 문자열로 변환하여 해결할 수 있습니다. **함수 str()**은 괄호 속 데이터를 문자열(string) 형태로 변환합니다.

∨ Python Shell

```
>>> age = 15
>>> age = str(age)
>>> print("저는 " + age + "살입니다.")
저는 15살입니다.
```

또한 앞의 오류는 문자열 포맷팅*으로도 아래와 같이 해결할 수 있습니다.

💬 문자열 포맷팅은 이 절의 마지막에 자세히 다룹니다.

⌄ Python Shell

```
>>> age = 15
>>> print("저는 {}살입니다.".format(age))
저는 15살입니다.
```

3 인덱싱과 슬라이싱

문자열은 시퀀스 자료형 중 하나입니다. 시퀀스 자료형은 데이터에 순서를 가지고 있는데, 이러한 순서를 **인덱스(index)**라고 합니다. 파이썬에서 인덱스는 항상 0부터 시작합니다.

▲ 시퀀스 자료형의 인덱스와 요소

시퀀스 자료형들은 인덱스를 활용하여 원하는 요소에 접근할 수 있습니다. 그 방법으로는 2가지가 있는데, 문자열의 인덱스를 활용하여 특정 요소를 가리키는 **인덱싱(indexing)**과 특정 범위를 잘라내는 **슬라이싱(slicing)**입니다. 먼저 다음 예시를 통해 인덱싱을 알아볼까요?

⌄ Python Shell

```
>>> s = 'Hello Python'
>>> s[0]
'H'
>>> s[6]
'P'
>>> s[5]
' '
>>> s[-1]
n
```

앞 예시의 문자열 변수 s를 인덱스와 함께 표현하면 아래와 같습니다. 이때 'Hello'와 'Python'사이 공백(띄어쓰기)도 하나의 문자로 인식됩니다. 따라서 다른 문자들과 마찬가지로 출력, 인덱싱 등이 모두 가능합니다.

s = 'Hello Python'

0	1	2	3	4	5	6	7	8	9	10	11
H	e	l	l	o		P	y	t	h	o	n

▲ 문자열 변수 s의 인덱스와 요소

s[인덱스]로 문자열을 구성하는 각 요소에 접근, 즉 인덱싱할 수 있습니다. 파이썬에서 인덱스는 항상 0부터 시작하지만, −(마이너스) 기호를 붙여 맨 뒤에서부터 인덱스를 매길 수도 있습니다. 맨 뒤에서부터 매기는 인덱스는 −1부터 −2, −3, ... 순서로 점점 작아집니다.

▲ 인덱스를 매기는 두 가지 방법

위 문자열 변수 s에서 'Python'이라는 한 단어를 뽑아내려면 어떻게 해야 할까요? 이럴 때는 슬라이싱을 이용하면 좋습니다. 아래 예시를 보고 슬라이싱을 실습해 봅시다.

∨ Python Shell

```
>>> s = 'Hello Python'
>>> s[0:5]
'Hello'
>>> s[6:12]
'Python'
```

특정 문자를 뽑아내는 인덱싱과 달리, 슬라이싱은 특정 범위를 잘라낼 수 있습니다. **s[시작 인덱스:끝 인덱스+1]**로 슬라이싱할 수 있으며, 이때 접근하고 싶은 범위의 끝 인덱스에 +1을 하는 것이 중요합니다.

▲ 문자열 슬라이싱

슬라이싱을 할 때 시작 인덱스를 생략하면 인덱스 0번의 요소부터 슬라이싱됩니다. 마찬가지로 끝 인덱스를 생략하면 지정한 인덱스부터 마지막 요소까지 슬라이싱됩니다. 시작 인덱스와 끝 인덱스를 모두 생략하면 모든 요소가 출력됩니다.

∨ **Python Shell**

```
>>> s = 'Hello Python'
>>> s[:5]
'Hello'
>>> s[6:]
'Python'
>>> s[:]
'Hello Python'
```

이처럼 특정 범위를 슬라이싱할 때, 요소를 하나씩 건너뛰면서 슬라이싱하고 싶다면 어떻게 해야 할까요? 건너뛰고 싶은 범위를 슬라이싱의 마지막 숫자로 작성하면 됩니다.

∨ **Python Shell**

```
>>> s = '0123456789'
>>> s[2:9:2]
'2468'
>>> s[:6:3]
'03'
```

4 그 외 시퀀스 공통 연산

지금까지 이 절(2.3)에서 다룬 **[2] 문자열 이어 붙이기와 반복하기, [3] 인덱싱과 슬라이싱**은 파이썬의 시퀀스 자료형에서 모두 가능한 연산입니다. 시퀀스 자료형에서 가능한 연산을 문자열을 활용한 연산 예시와 함께 살펴봅시다.

연산	의미	연산 예시	예시 결과
len(s)	문자열 s의 길이(전체 요소의 개수)	len('python')	6
s.count(x)	문자열 s의 요소 중 x의 개수	'coffee'.count('f')	2
x in s	문자열 s의 요소 중 x가 존재하면 True, 존재하지 않으면 False	'c' in 'coffee'	True
x not in s	문자열 s의 요소 중 x가 존재하지 않으면 True, 존재하면 False	'c' not in 'coffee'	False

5 문자열 함수

문자열은 위에 정리한 시퀀스 공통 연산 외에도 사용할 수 있는 함수가 다양합니다. 문자열 자료형으로만 사용할 수 있는 함수를 몇 가지 소개합니다.

▶ **s.lower(), s.upper()**: 문자열 s에서 소문자를 대문자로, 대문자를 소문자로 변환

함수 lower()는 문자열 s의 모든 문자를 소문자로 변환하고, 반대로 함수 upper()는 모든 문자를 대문자로 변환합니다.

∨ Python Shell

```
>>> s = 'Python'
>>> s.lower()
'python'
>>> s.upper()
'PYTHON'
```

참고로 **함수 title()**은 아래 예시처럼 단어의 시작 문자는 대문자, 나머지 문자들은 소문자로 바꾸어 제목처럼 보이게 변환합니다.

∨ Python Shell

```
>>> s = 'python world'
>>> s.title()
'Python World'
```

▶ **s.replace(old, new):** 문자열 s에서 old를 new로 바꿈

함수 replace()는 문자열 s에서 특정 부분 문자열(old)을 새로운 부분 문자열(new)로 바꿉니다.

∨ Python Shell

```
>>> s = '수빈 님 안녕하세요, 환영합니다!'
>>> s.replace('수빈', '정원')
'정원 님 안녕하세요, 환영합니다!'
```

함수 replace()의 괄호 속 마지막 숫자는 부분 문자열을 바꾸는 횟수를 의미합니다. 이 숫자는 작성하거나 생략할 수 있습니다.

∨ Python Shell

```
>>> s = '보글보글보글짝 보글보글보글짝'
>>> s.replace('보글', '지글')
'지글지글지글짝 지글지글지글짝'
>>> s.replace('보글', '지글', 3)
'지글지글지글짝 보글보글보글짝'
```

> 이처럼 함수 replace()의 마지막 숫자를 3으로 입력하면 앞에서부터 '보글' 문자열을 '지글' 문자열로 3번 바꿀 수 있습니다.

▶ **s.split(sep):** 구분자 sep을 사용하여 문자열 s를 분할

함수 split()은 구분자(sep)를 이용해 문자열을 잘게 나눠 줍니다. 괄호 안에 구분자를 작성하지 않은 경우에는 공백을 기준으로 문자열을 나눕니다.

```
>>> s1 = '100 94 89 95'
>>> s1.split()
['100', '94', '89', '95']
>>>
>>> s2 = '수빈,정원,민수,채연'
>>> s2.split(',')
['수빈', '정원', '민수', '채연']
```

위 예시의 실행 결과를 보면 대괄호에 감싸진 형태로 나오는데, 이러한 형태를 **리스트(List)**라고 합니다.

···· '리스트'는 2.4 순서 있는 자료형 (2)에서 다룹니다. 지금은 대괄호로 감싼 형태의 자료형 정도로 이해해도 좋습니다.

이 책에 설명한 함수 외에도 더 많은 문자열 함수를 알고 싶다면 **파이썬 공식 문서***를 참고해 보세요. 이 곳에서 문자열의 모든 함수를 확인할 수 있습니다.(이 절의 '더 알아보기' 참조)

6 문자열 포맷팅

지금까지 우리는 다양한 데이터를 화면에 출력해 보았습니다. 이번에는 여러분이 지역별 현재 기온을 안내하는 문장을 출력한다고 생각해 봅시다. 안내해야 할 지역별 기온은 오른쪽과 같습니다.

다음으로 넘어가서 표의 내용대로 지역별 기온을 출력해 봅시다.

지역	기온(℃)
서울	8
대전	11
대구	15
부산	17
제주	17

함수 print( )를 사용하여 아래와 같이 출력할 수 있습니다.

```
>>> print("현재 서울 기온은 8도입니다.")
현재 서울 기온은 8도입니다.
>>> print("현재 대전 기온은 11도입니다.")
현재 대전 기온은 11도입니다.
>>> print("현재 대구 기온은 15도입니다.")
현재 대구 기온은 15도입니다.
>>> print("현재 부산 기온은 17도입니다.")
현재 부산 기온은 17도입니다.
>>> print("현재 제주 기온은 17도입니다.")
현재 제주 기온은 17도입니다.
```

위 5개의 출력문에는 **"현재 {지역} 기온은 {기온}도입니다."**라는 동일한 형식이 있습니다. 이렇게 특정 형식으로 결과를 출력할 경우, **문자열 함수 format( )**을 사용하면 조금 더 간단하고 보기 좋게 출력문을 만들 수 있습니다.

```
>>> s = "현재 {} 기온은 {}도입니다."
>>> print(s.format("서울", 8))
현재 서울 기온은 8도입니다.
>>> print(s.format("제주", 17))
현재 제주 기온은 17도입니다.
```

위 예시에서 알 수 있듯이 문자열 안에 특정 값을 넣고 싶은 지점은 {}(중괄호)로 표현하고, **함수 format( )**의 괄호 안에는 중괄호에 넣을 실제 값들을 순서대로 넣어 줍니다. 중괄호 안에 인덱스를 함께 작성하면, **함수 format( )** 괄호 안 값들의 인덱스와 매칭하여 표현할 수도 있습니다. 이번에는 영화별 상영시간과 상영관을 안내해 봅시다.

```
>>> print("영화 {0}의 상영시간은 {1}입니다. {0}의 상영관은 {2}관입니다.".format('미나리', '19:00', 5))
영화 미나리의 상영시간은 19:00입니다. 미나리의 상영관은 5관입니다.
```

이렇게 인덱스를 활용하면 같은 값을 여러 번 출력해야 할 때 편리하게 활용할 수 있습니다. 인덱스가 헷갈린다면 아래와 같이 특정 이름을 가진 변수로 지정하여 작성할 수도 있습니다. 실행 결과는 앞과 동일합니다.

∨ Python Shell

```
>>> print("영화 {title}의 상영시간은 {time}입니다. {title}의 상영관은 {no}관입니다.".format(title='미나리', time='19:00', no=5))
영화 미나리의 상영시간은 19:00입니다. 미나리의 상영관은 5관입니다.
```

> 지면의 한계상 두 줄로 표현되었습니다.
> 실제로 코딩할 땐 한 줄로 적어 주세요.

이 절에서 우리는

시퀀스 자료형 중 하나인 문자열을 학습하면서, 순서 있는 자료형인 시퀀스를 처음 다뤄 보았습니다. 그리고 시퀀스 자료형의 가장 큰 특징인 인덱스를 활용한, 인덱싱과 슬라이싱으로 문자열의 각 요소에 접근해 보았습니다. 또한 시퀀스 자료형의 공통 연산과 문자열 자료형만의 연산들도 알아보았습니다. 이 절에서 배운 내용은 **2.5 순서 있는 자료형 (2)**에서도 활용할 것입니다. 문자열의 특징과 인덱싱, 슬라이싱 등의 연산을 잘 기억해 두고 다음 절로 넘어가 봅시다!

🔍 알아보기 파이썬 공식 문서

[파이썬 공식 문서 살펴보기] https://docs.python.org/

모든 프로그래밍 언어는 그 언어를 소개하는 공식 문서를 가지고 있습니다. 공식 문서에는 언어를 사용하는 사람들을 위해 구체적인 사용법을 소개하고 있는데요, 이를 활용한다면 언어에 대한 가장 정확한 정보를 얻을 수 있습니다. 또한 언어는 계속 업데이트되기 때문에 공식 문서를 통해 최신의 업데이트 소식도 확인할 수 있습니다.

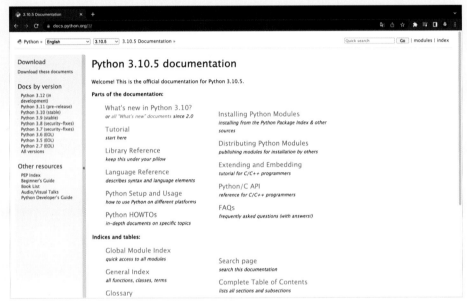

▲ 파이썬 공식 문서

▲ 문서를 한글로 확인하는 방법

파이썬 공식 문서를 함께 살펴볼까요? 앞에 소개한 링크를 통해 파이썬 공식 문서에 접속해 보세요. 그러면 위 이미지처럼 최신 버전의 파이썬에 대한 문서가 나옵니다. 상단 메뉴를 통해 다른 버전의 문서를 확인할 수 있고, 현재 문서를 한글로 확인할 수도 있습니다. 파이썬 언어의 기본적인 문법을 안내하는 라이브러리 레퍼런스를 살펴봅시다.

▲ 라이브러리 레퍼런스와 문자열 관련 페이지

라이브러리 레퍼런스에 우리가 학습한 자료형도 몇 가지 보이네요! 문자열을 설명하는 페이지로 이동하면, 문자열 표현 방법부터 지금 우리가 학습하고 있는 문자열 함수도 소개하고 있습니다. 우리가 책에서 학습한 함수도 있고, 처음 보는 함수도 있습니다.

앞으로 실습하면서 공식 문서를 살펴보고 필요한 기능을 검색해 보세요. 생각보다 이미 많은 기능이 있고 그 기능들에 대해 가장 정확한 정보를 얻을 수 있습니다. 학습하면서 공식 문서를 잘 활용하는 것은 중요합니다. 문서를 즐겨 찾기 해두고 종종 활용해 보세요!

사용자 입력

학습 안내 💬

음식점에 가서 키오스크로 메뉴를 주문해본 적이 있나요? 화면의 설명에 따라 버튼을 클릭하고, 원하는 메뉴를 장바구니에 담는 등 우리는 다양한 입력을 합니다. 입력을 받은 기계는 클릭한 메뉴를 화면에 크게 보여 주는 등 다양한 출력을 하죠. 키오스크 뿐만 아

▲ 키오스크로 메뉴를 입력하는 모습

니라 우리가 사용하는 대부분의 프로그램은 사용자 입력에 따라 출력을 내보냅니다.

지금까지 우리는 주로 함수 print()를 사용하여 내용을 출력하는 프로그램을 작성했습니다. 이번 절에서는 사용자의 입력을 받아 처리하는 프로그램을 작성해 봅시다.

1 사용자 입력 함수

먼저 Python Shell(IDLE)을 사용하여 **사용자 입력 함수**를 사용해 봅시다.

∨ Python Shell

```
>>> input()
```

함수 input()을 작성하고 Enter↵를 누르면 어떤 상태가 되나요? 다음 줄에 커서(cursor)가 깜빡거리는데 이것은 여러분의 입력을 기다리는 상태를 의미합니다. 원하는 내용을 입력하고 Enter↵를 눌러 봅시다. 아무것도 입력하지 않고 Enter↵를 눌러도 좋습니다.

∨ Python Shell

```
>>> input()
hello          이 책에서는 사용자가 입력하는 부분은 기울임체로 표현했습니다.
'hello'
```

사용자가 원하는 내용(hello)을 입력하고 Enter↵를 누르면 함수 input()은 종료됩니다. 종료된 함수는 사용자가 입력한 내용을 문자열 형태('hello')로 출력합니다. 함수를 간단히 사용해 보았으니 이번에는 사용자에게 조금 더 친절한 함수를 만들어 볼까요? 함수 input()의 괄호 안에 사용자가 입력해야 할 내용에 대한 힌트 문구를 작성해 봅시다.

∨ Python Shell

```
>>> input('좋아하는 과일을 입력하세요: ')
좋아하는 과일을 입력하세요: 딸기
'딸기'
```

위 예시처럼 함수 input() 괄호 안에는 힌트 문구를 작성할 수 있습니다. 이를 프롬프트(prompt)라고 하며, 컴퓨터가 사용자의 입력을 받아들일 준비가 되었다는 것을 나타내기 위한 것입니다. 이렇게 사용자에게 입력받은 내용을 기억해야 한다면 어떻게 해야 할까요? 우리가 앞 절(2.2)에서 학습한 변수를 활용해 봅시다.

```
>>> fruit = input('좋아하는 과일을 입력하세요: ')
좋아하는 과일을 입력하세요: 딸기
>>> print('당신은 ' + fruit + '을(를) 좋아하는군요!')
당신은 딸기을(를) 좋아하는군요!
```

위 예시에서 사용자에게 입력받은 과일 이름을 **변수 fruit**에 저장했습니다. 이렇게 변수에 저장하면, 이후 사용자에게 입력받은 내용이 필요할 때마다 그 변수를 활용할 수 있습니다. 지금까지 실습한 내용을 정리해 봅시다.

정리하기 **사용자 입력 함수 input()**

- 사용자에게 입력받을 수 있는 함수이며, 데이터를 작성한 후 Enter를 누르면 함수가 종료됩니다.
- 함수 괄호 안에 사용자에게 보여줄 힌트 문구를 작성할 수 있습니다(생략 가능).
- 함수로 입력받은 모든 데이터는 문자열 형태입니다.

2   입력받은 데이터 형 변환하기

앞에서 '함수로 입력받은 모든 데이터는 문자열 형태'라고 정리했는데, 호기심이 많은 분이라면 정말 그러한지 궁금할 겁니다. **2.1 숫자로 자료형 이해하기**에서 배운 **함수 type()**을 이용해, **함수 input()**으로 사용자에게 입력받은 데이터가 모두 문자열 형태가 맞는지 확인해 봅시다.

```
>>> s = input('문자열: ')
문자열: 파이썬
>>> type(s)
<class 'str'>
>>> i = input('정수: ')
정수: 10
>>> type(i)
<class 'str'>
>>> f = input('실수: ')
```

```
실수: 3.5
>>> type(f)
<class 'str'>
```

문자열뿐만 아니라 정수, 실수와 같은 숫자형을 입력해도 모두 문자열 형태('str')로 입력되는 것을 확인할 수 있습니다. 만약 사용자에게 입력받은 데이터로 숫자 연산을 해야 한다면 어떻게 해야 할까요? 연산할 수 있도록 데이터의 형태를 정수나 실수로 변환해주면 됩니다. 현재 나이를 입력하면 10년 후 나이를 출력하는 프로그램을 간단히 작성해 봅시다.

∨ Python Shell

```
>>> age = input('현재 나이: ')
현재 나이: 17
>>> age = int(age)   정수형으로 변환된 데이터를 변수에 다시 대입해 주어야 합니다.
>>> print('10년 후 나이:', age+10)   정수형으로 변환된 변수 age는 숫자 연산이 가능합니다.
10년 후 나이: 27
```

함수 int()를 통해 입력받은 데이터를 정수형으로 변환하여 계산하였습니다. 이번에는 섭씨 온도(℃)를 화씨 온도(℉)로 변환하는 프로그램을 작성해 봅시다.

∨ Python Shell

```
>>> temp_c = input('섭씨 온도: ')
섭씨 온도: 5
>>> temp_f = float(temp_c) * 1.8 + 32   섭씨를 화씨로 변환하는 공식입니다.
>>> print("섭씨 {}도는 화씨 {}도입니다.".format(temp_c, temp_f))
섭씨 5도는 화씨 41.0도입니다.
```

함수 float()를 통해 입력받은 데이터를 실수형으로 변환하여 계산하였습니다. 위에서 섭씨 온도를 담은 **변수** temp_c는 문자열, 화씨 온도를 담은 **변수** temp_f는 실수 형태로 저장됩니다. 만약 **변수** temp_c도 사용자 입력 후 바로 실수형으로 저장하고 싶다면 다음과 같이 작성하면 됩니다.

```
>>> temp_c = float(input('섭씨 온도: '))
섭씨 온도: 5
>>> temp_f = temp_c * 1.8 + 32
>>> print("섭씨 {}도는 화씨 {}도입니다.".format(temp_c, temp_f))
섭씨 5도는 화씨 41.0도입니다.
```

이 절에서 우리는

사용자 입력 **함수 input()**에 대해 알아보았습니다. 우리는 이제 화면에 결과를 출력하는 것뿐만 아니라 사용자에게 데이터를 입력받아 처리할 수 있게 되었습니다. 이어지는 **CHAPTER 03**을 학습한 후에는 사용자에게 입력받은 내용에 따라 각각 다른 내용을 출력할 수 있게 됩니다. 음식점 키오스크에서 여러분이 클릭한 각각의 버튼에 따라 다른 동작이 일어나는 것처럼요! **함수 input()**을 어떻게 활용할 수 있을지 다양하게 상상해 보세요.

알아보기 여러 개의 데이터, 한번에 입력받을 수 있을까?

사용자 입력 **함수 input()**은 한 번 호출할 때마다 하나의 문자열 데이터를 입력받을 수 있습니다. 그렇다면 여러 개의 데이터를 입력받기 위해서는 어떻게 해야 할까요? 함수 input()을 필요한 만큼 호출하는 방법 밖에 없을까요?

함수 input()과 함께 다른 함수를 활용한다면 여러 개의 데이터를 한 번에 입력받을 수 있습니다. 먼저 2.3절에서 학습한 문자열 **함수 split()**을 활용해 봅시다.

∨ **Python Shell**

```
>>> movie1, movie2 = input("좋아하는 영화 2개: ").split()
좋아하는 영화 2개: 코코 라라랜드
>>> movie1
'코코'
>>> movie2
'라라랜드'
```

함수 input()으로 입력받은 문자열을 함수 split()을 통해 공백을 기준으로 나눴습니다. 그렇게 나뉘어진 문자열은 변수 movie1과 movie2에 각각 대입됩니다. 문자열의 경우 이 방법으로 함수 input()을 한 번 호출하면서 여러 개의 데이터를 입력받을 수 있습니다.

그렇다면 숫자 데이터도 가능할까요? 함수 input()으로 입력받은 데이터는 문자열이기 때문에, 숫자를 입력받은 경우 형 변환이 필요했습니다. 이때 함수 map()을 함께 활용하면 여러 개의 숫자 데이터를 한 번에 형 변환할 수 있습니다. 아래 실습을 통해 함수 map()의 역할을 이해해 봅시다.

∨ **Python Shell**

```
>>> a, b = map(int, input("숫자 2개: ").split())
숫자 2개: 100 200
>>>
>>> a, type(a)
(100, <class 'int'>)
>>> b, type(b)
200, <class 'int'>
```

콤마(,)로 연결된 경우에는 결과가 튜플 형태로 나옵니다. 튜플은 2.5절에서 자세히 학습합니다.

input("숫자 2개: ").split()은 입력받은 두 개의 숫자를 공백을 기준으로 나눕니다. 여기까지만 한다면 변수 a, b에는 '100', '200'과 같이 문자열 데이터가 대입되겠죠. 함수 map()을 활용하여 데이터에 적용하고 싶은 함수 이름(int)을 괄호 안에 함께 적습니다. 그 결과 a = int(a), b = int(b)와 같이 각각 형 변환하지 않고 한 번에 정수형으로 변환할 수 있습니다.

3.2 제어문(2): 반복문을 학습한다면 위 방법보다 더 간편하게 여러 개의 데이터를 입력받을 수 있습니다. 그렇지만 꼭 반복문이 아니더라도 다른 함수의 도움을 받는 방법도 있다는 것을 알고, 필요에 따라 잘 활용해 봅시다.

2.5

순서 있는 자료형 (2): 리스트, 튜플

학습 포인트 ✏️

☐ 시퀀스 자료형인 리스트와 튜플을 표현할 수 있어요.
☐ 각 리스트와 튜플을 구성하는 요소에 접근할 수 있어요.
☐ 연산을 통해 리스트의 요소를 변경할 수 있어요.

학습 안내 💬

우리는 2.3 순서 있는 자료형 (1): 문자열에서 파이썬의 시퀀스(Sequence) 자료형을 알아보았습니다. 데이터에 순서를 매겨 나열한 자료형인 시퀀스 자료형은 그 순서(인덱스)를 활용하여 시퀀스를 구성하는 각 요소들에 접근할 수 있었습니다. 이번 절에서는 시퀀스 자료형인 리스트(List)와 튜플(Tuple)을 학습합니다. 앞에서 학습한 문자열과는 어떤 공통점과 차이점이 있는지 함께 알아봅시다.

1 리스트 표현 방법

리스트(List)는 '목록'이라는 그 뜻처럼, 여러 요소들을 연결하여 하나의 목록으로 표현한 자료형입니다. 지금까지 학습한 숫자, 문자열처럼 리스트로도 표현할 수 있는 데이터가 많습니다. 우리 일상 속에서 어떤 데이터를 리스트로 표현할 수 있을까요?

음악 재생목록　　　학교 시간표(과목)　　　장보기 목록

▲ 리스트로 표현할 수 있는 데이터 예시

Python Shell(IDLE)을 사용하여 리스트를 표현해 봅시다.

∨ Python Shell

```
>>> [1, 3, 5, 7, 9]
[1, 3, 5, 7, 9]
>>> ['대한민국', '일본', '중국', '미국']
['대한민국', '일본', '중국', '미국']
>>> [100, 15, 'python', '파이썬']
[100, 15, 'python', '파이썬']
```

리스트는 여러 요소들을 쉼표(,)로 구분하고 전체를 대괄호 [ ]로 감싸서 표현합니다. 하나의 리스트는 숫자, 문자열 등 서로 다른 형태의 요소들을 포함할 수 있지만, 대부분 같은 형태인 경우들이 많습니다. 리스트는 문자열과 마찬가지로 시퀀스 자료형이기 때문에, 인덱스를 활용하여 인덱싱, 슬라이싱할 수 있습니다. 여러분들이 좋아하는 음식 이름을 담은 리스트 **변수 foods**를 만들고 인덱싱, 슬라이싱해 봅시다. 인덱싱, 슬라이싱하는 방법을 까먹었다면 **2.3 순서 있는 자료형(1): 문자열**을 다시 학습해 보세요.

∨ Python Shell

```
>>> foods = ['떡볶이', '햄버거', '라면', '볶음밥']
>>> foods[2]
'라면'
>>> foods[1:3]
['햄버거', '라면']
>>> foods[-1]
'볶음밥'
```

앞에서 설명한 것처럼, 하나의 리스트 안에는 서로 다른 자료형의 요소들을 포함할 수도 있습니다. 그렇다면 리스트도 리스트의 요소로 포함할 수 있을까요? 리스트를 요소로 포함한 리스트를 생성하고, 인덱싱을 시도해 봅시다.

```
>>> num = [1, 2, 3, [100, 200, 300]]
>>> num[3]
[100, 200, 300]
>>> len(num)
4
```

리스트의 요소로 리스트를 포함할 수 있는 것을 확인했습니다. 이처럼 리스트를 요소로 포함한 리스트를 **중첩된 리스트**라고 합니다. 그리고 함수 len()의 결과를 보아, 중첩된 리스트는 요소로 포함된 리스트 자체를 하나의 요소로 인식한다는 것을 알 수 있습니다.

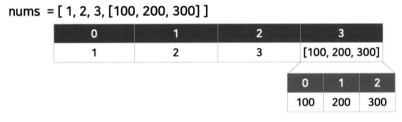

▲ 중첩된 리스트의 구조

그런데 만약 중첩된 리스트의 요소를 변경하고 싶다면 어떻게 해야 할까요? 아래와 같이 연달아 인덱싱하여 변경할 수 있습니다.

```
>>> nums = [1, 2, 3, [100, 200, 300]]
>>> nums[3][0]
100
>>> nums[3][0] = 1000
>>> nums
[1, 2, 3, [1000, 200, 300]]
```

② 리스트 요소 변경하기

앞에서 다룬 인덱싱, 슬라이싱을 활용하여 리스트의 요소를 변경할 수 있습니다. 변수에 새로운 값을 대입하듯이, 리스트에서 변경하고 싶은 특정 요소를 인덱싱하여 새로운 값을 대입할 수 있습니다.

∨ Python Shell

```
>>> odd = [1, 3, 5, 7, 10]
>>> odd[4] = 9
>>> odd
[1, 3, 5, 7, 9]
```

리스트는 슬라이싱으로도 특정 범위의 요소들을 변경할 수 있습니다. 슬라이싱으로 변경하는 경우, 리스트의 길이(요소 개수)가 변경되거나 특정 요소를 삭제할 수도 있습니다.

∨ Python Shell

```
>>> team = ['수빈', '지원', '수진', '경민', '정희', '민수']
>>> team[2:4] = ['재범', '민희']
>>> team
['수빈', '지원', '재범', '민희', '정희', '민수']
>>> team[0:2] = ['미영']
>>> team
['미영', '재범', '민희', '정희', '민수']
>>> team[:] = []
>>> team
[]
```

시작 인덱스와 끝 인덱스를 생략하면 리스트의 모든 요소에 접근합니다. 따라서 이 코드는 리스트 team을 빈 리스트로 만들게 됩니다.

③ 리스트 함수

리스트도 문자열과 마찬가지로, 시퀀스 공통 연산 외 몇 가지 함수를 사용할 수 있습니다. 이 함수들은 리스트 자료형만 지원하며, 리스트에 요소를 추가, 삽입, 삭제하여 리스트를 변경할 수 있습니다.

💬 여기서 소개하는 함수는 리스트 함수의 일부분입니다. 파이썬이 제공하는 모든 리스트 함수를 알고 싶다면 파이썬 공식 문서를 참고해 보세요. (파이썬 공식 문서에 대한 안내는 2.3절의 '더 알아보기'를 참조)

여러분이 좋아하는 노래 제목들로 구성된 **리스트 변수 playlist**를 생성하고, 다양한 함수를 사용해 봅시다.

▶ list.append(x): 리스트의 끝에 요소 x를 추가

함수 append()는 기존 리스트의 가장 마지막 인덱스에 요소를 추가합니다. 어떤 자료형으로든 리스트의 요소로 추가할 수 있지만, 2개 이상의 요소를 추가할 수는 없습니다.

∨ **Python Shell**

```
>>> playlist = ['Love poem', '밤편지', '라일락', '에잇', '가을 아침']
>>> playlist.append('너의 의미')
>>> playlist
['Love poem', '밤편지', '라일락', '에잇', '가을 아침', '너의 의미']
>>> len(playlist)
6
```

위의 예처럼, 함수 append()로 요소를 추가한 후 함수 len()으로 리스트의 길이를 확인해보면 기존보다 1 증가한 것을 확인할 수 있습니다.

▶ list.insert(i, x): 리스트의 인덱스 i번 위치에 요소 x를 삽입

항상 가장 마지막 위치에 요소가 추가되었던 함수 append()와 달리, 함수 insert()는 요소를 삽입하고 싶은 위치를 지정할 수 있습니다.

∨ **Python Shell**

```
>>> playlist = ['Love poem', '밤편지', '라일락', '에잇', '가을 아침', '너의 의미']
>>> playlist.insert(1, '삐삐')
>>> playlist
['Love poem', '삐삐', '밤편지', '라일락', '에잇', '가을 아침', '너의 의미']
```

방금 앞에서 리스트의 마지막 인덱스를 함수 len()을 이용해 확인했었죠? 이 함수를 insert에 활용하면 리스트의 마지막 인덱스에 새로운 요소를 추가할 수 있습니다.

```
>>> playlist = ['Love poem', '밤편지', '라일락', '에잇', '가을 아침', '너의 의미']
>>> playlist.insert(len(playlist), '삐삐')
>>> playlist
['Love poem', '밤편지', '라일락', '에잇', '가을 아침', '너의 의미', '삐삐']
```

즉, list.insert(len(list), x)는 list.append(x)와 동등한 기능을 합니다.

▶ **list.remove(x)**: 리스트에서 값이 x인 첫 번째 요소를 삭제

함수 remove()는 특정 요소를 삭제합니다. 이때 동일한 요소값이 2개 이상 있는 경우, 인덱스 0번과 가장 가까이 있는 요소가 삭제됩니다.

```
>>> playlist = ['Love poem', '삐삐', '밤편지', '라일락', '에잇', '가을 아침', '너의 의미']
>>> playlist.remove('라일락')
>>> playlist
['Love poem', '삐삐', '밤편지', '에잇', '가을 아침', '너의 의미']
```

이와 비슷한 기능을 하는 것으로 **함수 pop()**이 있는데, 아래 예시처럼 요소를 삭제하면서 삭제된 요소의 인덱스를 알려 줍니다.

```
>>> playlist = ['Love poem', '삐삐', '밤편지', '에잇', '가을 아침', '너의 의미']
>>> playlist.pop('에잇')
>>> 3
>>> playlist
['Love poem', '삐삐', '밤편지', '가을 아침', '너의 의미']
```

▶ **list.clear(): 리스트의 모든 요소를 삭제**

함수 clear()는 리스트의 모든 요소를 삭제합니다. 이는 리스트 자체의 삭제를 의미하는 것은 아니며, 리스트의 모든 요소가 삭제되어 그 길이가 0이 되게 함을 의미합니다. **[2] 리스트 요소 변경하기**에서 슬라이싱으로 리스트의 모든 요소를 삭제한 것과 동일합니다.

```
>>> playlist = ['Love poem', '삐삐', '밤편지', '가을 아침', '너의 의미']
>>> playlist.clear()
>>> playlist
[]
```

4 튜플(Tuple)

또 다른 시퀀스 자료형인 튜플(Tuple)에 대해 알아봅시다. 튜플은 여러 요소를 쉼표(,)로 구분하고 전체를 소괄호 ( )로 감싸서 표현합니다. 또한 소괄호로 감싸지 않아도 여러 요소들이 쉼표로 구분되어 있다면, 파이썬은 이를 튜플로 인식합니다.

Python Shell(IDLE)을 사용하여 튜플을 표현해 봅시다.

```
>>> birth = (8, 28)
>>> type(birth)
<class 'tuple'>
>>>
>>> friends = '아인', '예은', '찬호'
>>> friends
('아인', '예은', '찬호')
>>> type(friends)
<class 'tuple'>
```

언뜻 보기에 튜플은 리스트와 괄호 종류만 다를 뿐 큰 차이가 없어 보입니다. 튜플도 순서가 있는 시퀀스 자료형이기 때문에, 각 요소를 인덱싱할 수 있습니다. 그렇다면 인덱싱하여 특정 요소 값을 변경해 볼까요?

```
>>> num = (100, 300, 400)
>>> num[1] = 200
```

인덱스 1번의 값을 변경하려고 시도했더니 **TypeError: 'tuple' object does not support item assignment**라는 오류가 발생합니다. 튜플은 리스트와 달리 그 값을 변경할 수 없는 시퀀스이기 때문입니다. 따라서 튜플에 요소를 추가, 삭제하는 것은 불가능합니다.

튜플은 값을 변경할 수 없다는 것만 제외하면, 시퀀스 자료형에 지원하는 공통 연산은 모두 가능합니다. 두 개 이상의 튜플을 더하여 하나로 연결하거나 하나의 튜플을 여러 번 반복하는 것도 가능합니다.

```
>>> t1 = (100, 300, 500)
>>> t2 = (200, 400, 600)
>>> t1 + t2
(100, 300, 500, 200, 400, 600)
>>> t1 * 3
(100, 300, 500, 100, 300, 500, 100, 300, 500)
```

이 절에서 우리는

　문자열에 이어 새로운 시퀀스 자료형 리스트와 튜플에 대해 학습했습니다. 리스트와 튜플 모두 **2.3 순서 있는 자료형 (1): 문자열**에서 다루었던 시퀀스 공통 연산이 가능함을 확인하였습니다. 리스트는 인덱싱, 슬라이싱으로 각 요소에 접근하여 새로운 값을 대입하거나 함수 append(), insert(), remove() 등으로 요소를 추가, 삭제하는 등 변경 가능한 반면, 튜플은 그 값을 변경할 수 없음을 확인하였습니다. 숫자부터 문자열, 리스트, 튜플까지! 이제 여러분은 파이썬의 자료형을 거의 알게 되었습니다. 그런데 다음 절에서 만날 자료형은 지금까지 배운 것과는 다르게 조금 특이합니다. 과연 어떤 자료형인지 알아볼까요?

가변 시퀀스와 불변 시퀀스

우리가 지금까지 학습한 시퀀스 자료형은 문자열, 리스트, 튜플, 이렇게 3가지입니다. 그중 값을 변경할 수 없는 시퀀스는 **불변(immutable) 시퀀스**, 변경할 수 있는 시퀀스를 **가변(mutable) 시퀀스**라고 부릅니다. 그리고 불변 시퀀스와 가변 시퀀스는 아래와 같이 분류할 수 있습니다.

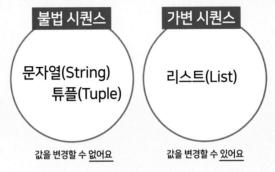

▲ 시퀀스 분류

불변 시퀀스인 문자열과 튜플은 생성 이후 그 값을 변경할 수 없습니다.

```
>>> name = '김수빈'
>>> name[2] = '진'
...TypeError: 'str' object does not support item assignment
```

```
>>> birth = (8, 28)
>>> birth[0] = 3
...TypeError: 'tuple' object does not support item assignment
```

가변 시퀀스인 리스트는 생성 이후 그 값을 변경할 수 있습니다.

```
>>> birth = [8, 28]
>>> birth[0] = 3
>>> birth[1] = 13
>>> birth
[3, 13]
```

2.6

불(Bool)과 논리 연산

학습 포인트 🖉

☐ 비교 연산을 이해하고, 이전에 학습한 자료형들을 활용하여 비교 연산을 할 수 있어요.

☐ 자료형 불(Bool)을 이해하고 표현할 수 있어요.

☐ 자료형 불을 활용한 논리 연산을 할 수 있어요.

학습 안내 💬

우리는 스위치를 통해 방의 불을 켜거나 끌 수 있습니다. 또한 리모컨을 사용하여 에어컨의 전원을 켜고 끄기도 하죠. 방의 불과 에어컨의 전원 상태는 On(켜짐) 또는 Off(꺼짐)입니다.

▲ 전원 상태

이와 비슷하게 파이썬에도 True와 False, 단 2개의 데이터만을 가진 자료형이 있습니다. 바로 불(Bool)인데요, 이 자료형으로만 할 수 있는 연산도 있습니다. 이번 절에서는 불 자료형의 특징과 연산에 대해 알아봅시다.

1 비교 연산

우리는 **2.1 숫자로 자료형 이해하기**에서 숫자 자료형을 알아보았습니다. 2개 이상의 숫자는 '작다', '크다', '같다', '다르다'와 같이 서로 비교할 수 있다는 특징이 있습니다. 파이썬에서도 값을 서로 비교할 수 있는 연산을 지원하며, 대부분의 파이썬 비교 연산자는 수학에서의 비교 연산자와 동일합니다. 파이썬의 비교 연산자들을 살펴봅시다.

연산자	의미
a < b	a가 b보다 작다
a <= b	a가 b보다 작거나 같다
a > b	a가 b보다 크다
a >= b	a가 b보다 크거나 같다
a == b	a와 b가 서로 같다
a != b	a와 b가 서로 같지 않다

여러분이 알고 있던 비교 연산자와 동일한가요? 아마 서로 같은지(==) 다른지(!=)를 비교하는 두 연산자는 알고 있던 연산자와 다를 것입니다. 그럼 숫자 자료형을 활용하여 비교 연산을 간단히 실습해 봅시다.

∨ Python Shell

```
>>> 100 < 200
True
>>> 100 == 200
False
>>> 300 != 300
False
>>> 10 == 10.0
True
```

정수형과 실수형도 서로 비교할 수 있습니다.

비교 연산의 결과는 **참(True)** 또는 **거짓(False)**, 두 가지 값만을 갖습니다. 그렇다면 파이썬에서 True와 False는 정확히 무엇을 의미할까요? 다음 쪽의 **[2] 불(Bool)**에서 알아봅시다.

문자열끼리 비교 연산하기

숫자끼리 서로 비교가 가능했던 것처럼 문자열도 서로 비교할 수 있습니다. 문자열을 구성하는 각 문자는 유니코드*
포인트(Unicode points)가 있으며, 문자열을 비교할 때는 이 숫자값을 사용합니다. 문자열은 인덱스 0번부터 그 값을
순서대로 비교합니다.

···· 유니코드(Unicode)는 전 세계의 모든 문자를 컴퓨터에서 일관되게 표현하고 처리할 수 있도록 만든 표준 값입니다.

∨ Python Shell

```
>>> '감나무' > '배나무'
False
>>> 'apple' < 'banana'
False
>>> 'python' == 'Python'
False
>>> 'python' > 'Python'
True
```

파이썬에서는 함수 ord( )를 이용해 괄호 속 문자의 유니코드 값을 알 수 있습니다. 참고로 영어 대소문자는 서로 다
른 문자로 인식되기 때문에, 각각의 유니코드 값 또한 다릅니다.

∨ Python Shell

```
>>> ord('p')
112
>>> ord('P')
80
```

2 불(Bool)

파이썬에는 참(True)과 거짓(False), 두 가지 값만을 갖고 있는 **불(Bool) 자료형**이 있습니다. 우리는 앞
에서 숫자, 문자열, 리스트, 튜플과 같은 자료형을 학습했습니다. 이러한 자료형과 마찬가지로, 불 또한
데이터의 형태를 나타내는 자료형 중 하나입니다.

∨ Python Shell

```
>>> type(True)
<class 'bool'>
>>> type(False)
<class 'bool'>
```

함수 type()을 통해 불이라는 자료형이 있고, True와 False가 그 자료형에 해당하는 데이터임을 확인하였습니다. True와 False는 파이썬에서 정한 고유의 값(키워드*)으로, 대소문자를 구분하여 사용해야 합니다. 즉, true나 false 등은 불 자료형에 해당되지 않습니다.

⋯ 파이썬 키워드는 특별한 기능이 있는 단어로, 정해진 기능 외 다른 용도(변수 이름 등)로 사용할 수 없습니다. 아래 링크를 통해 파이썬의 모든 키워드를 확인할 수 있습니다. 외울 필요는 없어요! 앞으로 프로그래밍하면서 자연스럽게 알게 될 거예요.

[링크] https://docs.python.org/3/reference/lexical_analysis.html#keywords

③ 논리 연산

우리는 사칙 연산, 대입 연산, 비교 연산 등 파이썬에서 지원하는 다양한 연산과 그 연산을 돕는 연산자 등을 학습했습니다. 이번에 다루게 될 **논리 연산**은 1개 이상의 불(Bool) 형을 조합하여 하는 연산이며, 불 형만을 활용한 연산이므로 **불 연산**이라고도 불립니다. 사칙 연산, 비교 연산과 마찬가지로, 논리 연산도 그 연산을 돕는 3가지 연산자들이 있습니다.

연산자	의미
a or b	a 또는 b 하나라도 참이면 참(True), 그 외의 경우 거짓(False)
a and b	a 그리고 b 모두 참이면 참, 그 외의 경우 거짓
not a	a가 참이면 거짓, a가 거짓이면 참

아래와 같이 **변수 a**에는 True가 나올 수 있는 비교 연산을, **변수 b**에는 False가 나올 수 있는 비교 연산을 각각 대입해 보세요. 두 변수를 활용해서 논리 연산을 해봅시다.

∨ Python Shell

```
>>> a = 'python' != 'Python'      # True
>>> b = 17 > 20        # False
>>> a or b
True
>>> a and b
False
>>> not b
True
```

#은 파이썬의 주석 기호로써 코드에 대한 설명을 추가할 수 있습니다. 주석에 대한 자세한 설명은 3.1절의 '더 알아보기'에서 확인하세요!

한 번에 여러 논리 연산자를 사용할 수도 있습니다. 이때 3가지 논리 연산자는 not, and, or 순으로 연산에 우선순위를 갖습니다. 예를 들어 not과 and가 함께 쓰였다면, not 연산 후 and 연산을 합니다.

∨ Python Shell

```
>>> a = 10 <= 12     # True
>>> b = 10 != 10     # False
>>> c = 'red' > 'green'    # True
>>> not c and not b    # False and True
False
>>> a or b and c     # True or False
True
```

이 절에서 우리는

비교 연산을 실습해보고 그 연산의 결과를 통해 불(Bool) 자료형을 확인하고 이해했습니다. 또한 불 자료형인 True와 False만을 가지고 할 수 있는 논리 연산을 학습하였고, 3가지 논리 연산자(and, or, not)를 활용한 논리 연산을 실습했습니다. 이 절에서 학습한 자료형 불(Bool)과 논리 연산은 조건과 반복, 즉 파이썬 제어문*의 시작을 담고 있습니다. 이 절의 내용을 잘 기억해 두었다가 조건과 반복에서 어떻게 활용되는지 직접 확인해 보세요!

💬••• 제어문은 프로그램의 흐름에 변화를 줄 수 있는 명령문입니다. 자세한 내용은 CHAPTER 03에서 알아봅니다.

알아보기   자료형의 참과 거짓

파이썬의 각 자료형은 그 데이터에 따라 참과 거짓이 존재합니다. 이는 조건식을 만드는 등에 유용하게 활용됩니다. 지금은 각 자료형의 값에 따라 참이나 거짓으로 구분될 수 있다는 것만 이해해도 좋습니다. 참고로 딕셔너리(Dictionary)는 파이썬 자료형 중 하나로, 다음 절(2.7)에서 다루게 됩니다.

자료형	참 예시	거짓 예시	의미
숫자	1	0	값이 0이면 거짓, 0이 아니면 참
문자열	"python"	""	
리스트	[1, 2, 3]	[]	
튜플	('수빈', 17)	()	값이 비어 있으면 거짓, 비어 있지 않으면 참
딕셔너리	{'age' : 17}	{}	

함수 bool()을 통해 위 표의 내용을 직접 확인할 수 있습니다. **함수 bool()**은 **함수 int(), float(), str()** 등과 같은 형 변환 함수로, 괄호 속 데이터를 불 형으로 변환해주는 역할을 합니다.

∨ Python Shell

```
>>> bool(1)
True
>>> bool(0)
False

>>> bool("python")
True
>>> bool(" ")
True
>>> bool("")
False

>>> bool([])
False
>>> bool(('수빈', 17))
True
```

> 공백도 하나의 문자로 인식되며, 불 형 변환 시 참(True)이 됩니다.

딕셔너리(Dictionary)

학습 포인트 ✏️

☐ 매핑 자료형인 딕셔너리를 표현할 수 있어요.
☐ 딕셔너리에서 키(key)의 역할을 이해하고 활용할 수 있어요.
☐ 다양한 방법을 사용하여 딕셔너리의 값을 변경할 수 있어요.

학습 안내 💬

여러분은 외국어 사전을 사용해본 적이 있나요? 우리는 보통 사전을 통해 모르는 단어를 검색하고, 사전은 우리에게 그 단어의 뜻과 의미를 알려줍니다. 파이썬에도 이러한 역할을 하는 자료형이 있습니다. 그 자료형의 이름 또한 '사전'과 같은 딕셔너리(Dictionary)입니다. 딕셔너리의 표현 방법과 연산에 대해 알아봅시다.

1 딕셔너리 표현 방법

우리가 사용하는 사전은 단어와 그 뜻이 연결되어 있습니다. 이러한 사전처럼 파이썬의 자료형인 **딕셔너리(Dictionary)**도 각 키(key)와 값(value)이 서로 연결되어 있습니다. 이러한 형태 때문에 딕셔너리는 **매핑 자료형(Mapping Type)**이라고도 합니다. 딕셔너리는 전체를 중괄호 { }로 묶어서 표현하며, 키와 값은 콜론(:)으로 연결하여 표현합니다. 연결된 키와 값을 하나의 요소라고 하고, 여러 요소들은 쉼표(,)로 구분합니다.

키(key)	값(value)
'name'	'김민재'
'age'	17

전체는 중괄호로 감싸기

$$me = \{ \ 'name' : '김민재', \ 'age' : 17 \ \}$$

키와 값은 콜론으로 연결   → 각 요소는 쉼표로 구분

▲ 딕셔너리 표현 방법

Python Shell(IDLE)을 사용하여 딕셔너리를 표현해 봅시다. 나의 이름, 나이, 주소를 담은 **딕셔너리 변수 me**를 만들어 봅시다.

∨ Python Shell

```
>>> me = {'name' : '김민재', 'age' : 17, 'address' : '경기도 판교'}
>>> type(me)
<class 'dict'>
```

함수 type()으로 우리가 생성한 **변수 me**의 자료형을 확인해보니 dict, 즉 딕셔너리(Dictionary)임을 확인할 수 있습니다. **변수 me**에서 나의 이름만 알고 싶다면 어떻게 해야 할까요? 여러분이 이미 아는 방법으로 각 값(value)에 접근할 수 있습니다.

∨ Python Shell

```
>>> me['name']
'김민재'
>>> me['age']
17
>>> me['address']
'경기도 판교'
```

> 시퀀스 자료형의 인덱싱과 유사해 보이지만, 딕셔너리는 '키(key)'를 이용해 원하는 값을 찾을 수 있습니다.

시퀀스 자료형인 문자열, 리스트, 튜플은 순서를 의미하는 인덱스를 통해 각 요소에 접근할 수 있었습니다. 딕셔너리 자료형의 가장 큰 특징은 순서(인덱스)가 존재하는 시퀀스 자료형과 다르게, 고유의 키(key)가 존재한다는 것입니다.

me = {'name' : '김민재', 'age' : 17, 'address' : '경기도 판교'}

키	'name'	'age'	'address'
값	'김민재'	17	'경기도 판교'

↳me['age']

▲ 키('age')로 값(17)에 접근하는 방법

그럼, 딕셔너리의 중요한 역할을 하는 키(key)의 특징을 알아볼까요?

특징 1   하나의 딕셔너리 안에서 모든 키는 고유해야 한다

시퀀스 자료형에서 각 인덱스는 중복되지 않는 고유의 값이었습니다. 이처럼 딕셔너리의 키도 고유의 값이어야 하며, 동일한 키가 2개 이상 존재할 경우에는 앞에 있는 **키:값**의 쌍이 무시됩니다.

∨ Python Shell

```
>>> me = {'name' : '김민재', 'hobby' : '테니스', 'age' : 17, 'hobby' : '달리기'}
>>> me
{'name' : '김민재', 'hobby' : '달리기', 'age' : 17}
```

특징 2   딕셔너리의 키는 변경할 수 없는 값이다

이 절의 후반부에서 다루겠지만, 딕셔너리의 값(value)은 필요에 따라 언제든지 변경할 수 있습니다. 하지만 그러한 값을 찾아주는 식별자인 키는 딕셔너리가 생성된 이후 그 값을 변경할 수 없습니다. 따라서 불변 자료형인 숫자, 문자열, 튜플은 딕셔너리의 키가 될 수 있지만, 가변 자료형인 리스트, 딕셔너리는 딕셔너리의 키가 될 수 없습니다.

특징 3   연산자 in으로 딕셔너리 키의 존재 여부를 확인할 수 있다

우리는 연산자 in을 통해 시퀀스에 특정 요소가 포함되어 있는지를 확인할 수 있었습니다. 연산자 in이 딕셔너리와 함께 사용된다면 해당 딕셔너리에 특정 키가 존재하는지를 확인할 수 있습니다. 존재하면 True, 존재하지 않으면 False입니다.

```
>>> me = {'name' : '김민재', 'hobby' : '달리기', 'age' : 17}
>>> 'name' in me
True
>>> 'address' in me
False
```

2 딕셔너리 변경하기

앞에서 딕셔너리 표현 방법과 딕셔너리에서 중요한 역할을 하는 키(key)를 학습했습니다. 그렇다면 생성된 딕셔너리에 새로운 요소를 추가하거나 기존 요소를 수정, 삭제하는 등 딕셔너리의 내용을 변경하는 것도 가능할까요? 아래 예시를 실습하며 확인해 봅시다.

여러분은 마트에서 과일을 판매하는 사람입니다. 과일을 판매하기 위해 오른쪽 표의 과일 이름과 과일 한 개당 가격을 마트 시스템에 등록해야 합니다.

과일 이름	가격(원)
apple	500
banana	2500
mango	2000

먼저 각 과일 이름을 키(key)로, 가격을 값(value)으로 하는 딕셔너리 **변수 fruit**를 만들어 봅시다. 그리고 원하는 과일의 가격을 문장으로 간단히 안내해 봅시다.

```
>>> fruit = {'apple' : 500, 'banana' : 2500, 'mango' : 2000}
>>> fruit
{'apple' : 500, 'banana' : 2500, 'mango' : 2000}
>>> print("사과는 한 개당 {}원입니다.".format(fruit['apple']))
사과는 한 개당 500원입니다.
```

이제부터는 과일 가격이 변동되거나 판매할 과일을 추가/삭제하는 상황을 만들어 보겠습니다. 다음 STEP들을 참고하면서 딕셔너리를 변경하는 방법을 알아봅시다.

기존 값(value) 수정하기

사과('apple')의 가격이 기존보다 200원 올랐다고 합니다. 딕셔너리 변수 fruit를 활용하여 사과의 가격을 수정해 봅시다.

∨ Python Shell

```
>>> fruit['apple'] += 200
>>> fruit
{'apple' : 700, 'banana' : 2500, 'mango' : 2000}
```

사과의 가격이 잘 수정되었나요? 값을 수정하고 싶은 딕셔너리의 요소는 그 키로 접근하여 언제든지 수정할 수 있습니다.

STEP 2 새로운 요소(키:값) 추가하기

마트에 새로운 과일로 오렌지('**orange**')가 들어왔다고 합니다. 오렌지 한 개당 가격은 1,200원입니다. 딕셔너리 변수 fruit를 활용하여 새로운 과일을 추가해 봅시다.

∨ Python Shell

```
>>> fruit['orange'] = 1200
>>> fruit
{'apple' : 700, 'banana' : 2500, 'mango' : 2000, 'orange' : 1200}
```

오렌지의 가격 정보가 잘 추가되었나요? 변수에 값을 대입하듯이 기존 딕셔너리에 새로운 키와 값의 쌍을 추가할 수 있습니다. 이때 새롭게 추가되는 요소는 항상 딕셔너리의 가장 뒤에 추가됩니다.

STEP 3 특정 요소 삭제하기

이번에는 인기 과일 바나나('**banana**')가 모두 팔렸다고 합니다. 딕셔너리 변수 fruit에서 바나나의 정보를 삭제해 봅시다.

∨ Python Shell

```
>>> del fruit['banana']
>>> fruit
{'apple' : 700, 'mango' : 2000, 'orange' : 1200}
```

바나나의 정보가 잘 삭제되었나요? 파이썬의 **키워드 del***을 이용하면 딕셔너리의 요소를 삭제할 수 있습니다. 이때 해당 값만 삭제되는 것이 아니라 요소, 즉 키와 값의 쌍이 삭제됩니다.

| 알고 넘어가기 | **키워드 del** |

키워드 del은 가변 시퀀스인 리스트의 요소를 삭제하는 역할도 합니다. 리스트를 인덱싱하여 특정 요소 하나를 삭제하거나, 슬라이싱하여 특정 범위의 요소 여러 개를 삭제할 수 있습니다. 또한 슬라이싱을 활용하여 리스트 전체를 비어 있는 리스트로 만들 수도 있습니다.

∨ Python Shell

```
>>> nums = [100, 200, 300, 400, 500]
>>> del nums[0]
>>> nums
[200, 300, 400, 500]
>>> del nums[1:3]
>>> nums
[200, 500]
>>> del nums[:]
>>> nums
[]
```

STEP 4 **모든 요소 삭제하기**

오늘 모든 과일이 팔렸습니다. 시스템에 등록된 모든 과일 정보를 삭제하려고 합니다. 딕셔너리 변수 fruit에 저장된 모든 키와 값을 삭제해 봅시다.

∨ Python Shell

```
>>> fruit.clear()
>>> fruit
{}
```

딕셔너리 **함수 clear()**는 딕셔너리의 모든 요소를 삭제합니다. 위 예시들을 통해 딕셔너리는 그 내용을 변경할 수 있는 가변 자료형임을 확인했습니다. 이처럼 딕셔너리 또한 다른 자료형처럼 자신만의 함수가 있습니다. 함수 **clear()** 외에도 어떤 딕셔너리 함수들이 있는지 알아볼까요?

3 딕셔너리 함수

다음 예시와 같이 여러분의 가족, 친구들의 이름과 생일로 매핑된 딕셔너리 **변수 birthdays**를 생성해 보세요. **변수 birthdays**를 활용하여 다양한 함수를 사용해 봅시다.

```
>>> birthdays = {'김수빈' : '0828', '이유민' : '0313', '주연희' : '0815', '김도연' : '1003'}
>>> birthdays
{'김수빈' : '0828', '이유민' : '0313', '주연희' : '0815', '김도연' : '1003'}
```

▶ **dict.keys():** 딕셔너리의 모든 키를 가져온다.

함수 keys()는 키와 값의 쌍으로 구성된 딕셔너리에서 키만 가져올 수 있는 함수입니다.

```
>>> birthdays.keys()
dict_keys(['김수빈', '이유민', '주연희', '김도연'])
```

위의 예시처럼 딕셔너리의 키는 dict_keys에 감싸여서 나오는데, 리스트와 비슷한 자료형 정도로 이해해도 좋습니다. 다만 dict_keys는 리스트 자료형만의 함수(append, insert, remove 등)를 사용할 수 없습니다.

또한 딕셔너리의 키는 **함수 list()**로도 가져올 수 있습니다. **함수 list()**는 괄호 속 데이터를 리스트 형태로 변환해주는 형 변환 함수인데, 괄호 속에 딕셔너리 값을 넣었을 때는 키를 리스트 형태로 돌려주는 역할을 합니다.

```
>>> list(birthdays)
['김수빈', '이유민', '주연희', '김도연']
```

▶ **dict.values():** 딕셔너리의 모든 값을 가져온다.

함수 values()는 키와 값의 쌍으로 구성된 딕셔너리에서 값만 가져올 수 있는 함수입니다.

```
>>> birthdays.values()
dict_values(['0828', '0313', '0815', '1003'])
>>> list(birthdays.values())
['0828', '0313', '0815', '1003']
```

dict_keys와 비슷한 형태로, 딕셔너리의 값은 dict_values에 감싸여서 나옵니다. 이를 형 변환 **함수 list()**를 활용하여 리스트 형태로 변환할 수 있습니다.

▶ **dict.items()**: 딕셔너리의 모든 요소(키와 값의 쌍)를 가져온다.

함수 items()는 딕셔너리의 모든 요소를 가져올 수 있는 함수입니다.

```
>>> birthdays.items()
dict_items([('김수빈', '0828'), ('이유민', '0313'), ('주연희', '0815'), ('김도연', '1003')])
```

한 쌍의 키와 값은 하나의 튜플로, 각 튜플은 하나의 리스트로 묶여서 dict_items에 감싸여서 나옵니다. 이 또한 dict_keys, dict_values와 비슷한 형태입니다.

▶ **dict.get()**: 괄호 속 키와 연결된 값을 가져온다.

지금까지 우리는 **birthdays['김수빈']**과 같은 방법으로 딕셔너리 특정 키의 값을 가져왔습니다. **함수 get()**은 이와 같은 역할로, 괄호 속 키와 연결된 값을 가져올 수 있는 함수입니다.

```
>>> birthdays.get('김수빈')
'0828'
>>> birthdays.get('김도연')
'1003'
```

▶ **dict.update(키1=값1, 키2=값2, ...)**: 딕셔너리의 키에 대응하는 값을 수정, 추가한다.

함수 update()는 괄호 속에 키=값 형태로 딕셔너리의 변경사항을 표현하여, 키에 연결된 값을 변경할 수 있는 함수입니다. 이때 키=값 형태를 쉼표(,)로 구분하여 나열하면 여러 변경사항을 한번에 적용시킬 수 있습니다.

앞서 **변수 fruit**를 사용하여 요소를 변경하고 추가했던 실습을 기억하시나요? **함수 update()**를 사용하기 좋은 예시입니다. 먼저 **변수 fruit**를 다시 한번 사용해 봅시다.

∨ Python Shell

```
>>> fruit = {'apple' : 500, 'banana' : 2500, 'mango' : 2000}
>>> fruit
{'apple' : 500, 'banana' : 2500, 'mango' : 2000}
```

이전 실습에서 변수 fruit에는 아래 두 가지 변경사항이 있었죠? 이번에는 **함수 update()**를 사용하여 변경사항을 적용해 봅시다.

- **기존 과일 가격 변동**: 사과('apple') 200원 상승
- **새로운 과일 추가**: 오렌지('orange'), 1200원

∨ Python Shell

```
>>> fruit.update(apple=700, orange=1200)    키를 문자열 형태로 작성하지 않습니다.
>>> fruit
{'apple' : 700, 'banana' : 2500, 'mango' : 2000, 'orange' : 1200}
```

이 절에서 우리는

파이썬의 매핑 자료형 딕셔너리에 대해 학습했습니다. 시퀀스 자료형에서는 인덱스가 중요한 역할을 했다면, 딕셔너리에서는 키(key)가 중요한 역할을 한다는 것을 이해했습니다. 인덱스로 각 요소에 접근했던 시퀀스 자료형과 달리, 딕셔너리는 키로 연결된 값(value)에 접근하는 방법과 접근하여 값을 변경할 수 있음을 학습했습니다.

우리는 지금까지 숫자부터 시퀀스 자료형(문자열, 리스트, 튜플), 매핑 자료형(딕셔너리)까지 파이썬의 기초 자료형을 학습했습니다. 이제 **CHAPTER 03**에서는 조건과 반복을 통해 간단한 제어문부터 복잡한 제어문까지 구현하게 됩니다. 지금까지 학습한 내용을 머릿속에 차곡차곡 넣고, 다음 챕터로 넘어가 봅시다!

파이썬과 깊은 대화 나누기 (1) - 제어문

3.1

제어문 (1): 조건문

학습 포인트 ✏️

☐ 제어문의 역할을 이해할 수 있어요.
☐ 조건문의 기본 구조를 이해하고 만들 수 있어요.
☐ elif문을 활용하여 다양한 조건을 판단할 수 있는 구조를 만들 수 있어요.

학습 안내 💬

우리가 그동안 작성한 프로그램은 위에서 아래로, 즉 순차적인 흐름으로 실행
되었습니다. 이번 챕터에서는 이러한 순차적 실행 흐름에 변화를 주는 제어문
(control statement)을 학습합니다. 제어문은 아래와 같이 크게 2가지 구조가
있습니다.

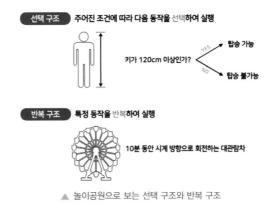

▲ 놀이공원으로 보는 선택 구조와 반복 구조

선택 구조는 조건문으로, 반복 구조는 반복문으로 구현할 수 있습니다. 이번
절에서는 먼저 조건문을 학습해 봅시다.

1 조건과 조건문

조건문은 주어진 조건에 따라서 다른 동작이 실행되어야 할 때 사용합니다. 조건문을 본격적으로 학습하기 전에 **조건(condition)**은 무엇인지 먼저 알아봅시다.

물이 얼음이 되려면 온도가 0도 이하이어야 합니다. 즉 '온도가 0도 이하인가?'라는 조건을 만족해야 물이 얼음으로 상태변화를 하게 됩니다. 이처럼 조건은 '어떤 일이 실행되기 위해 갖추어야 하는 상태'를 의미합니다.

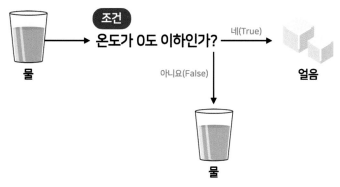

▲ 물이 얼음으로 변하기 위한 조건

우리는 '온도가 0도 이하인가?'라는 질문에 '네' 또는 '아니요'라고 대답할 수 있습니다. 컴퓨터도 어떠한 조건이든 조건을 만족하거나(True) 만족하지 않는(False) 단 2가지 결과로만 대답할 수 있습니다. 따라서 조건문은 자료형 중 불(Bool)과 뗄 수 없는 관계입니다.

2 조건문의 기본 구조

조건문의 시작은 **키워드 if**입니다. '만약'이라는 뜻의 키워드 if 뒤에 만족해야 할 조건과 콜론(:)을 작성하고, 그 아래에 조건을 만족했을 때 실행할 명령을 작성합니다. 이때 실행할 명령은 반드시 **들여쓰기(indentation)***를 하여 영역을 구분해야 합니다.

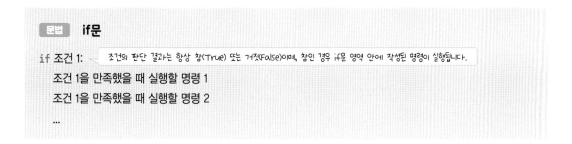

문법 **if문**

```
if 조건 1:     조건의 판단 결과는 항상 참(True) 또는 거짓(False)이며, 참인 경우 if문 영역 안에 작성된 명령이 실행됩니다.
    조건 1을 만족했을 때 실행할 명령 1
    조건 1을 만족했을 때 실행할 명령 2
    ...
```

알고 넘어가기 **들여쓰기(indentation)**

들여쓰기는 여러 명령들을 하나의 덩어리로 묶는 방법을 의미하며, 파이썬의 제어문은 반드시 들여쓰기를 하여 그 영역을 구분해야 합니다. 다음을 통해 들여쓰기 시 주의사항을 살펴봅시다.

1) [Space Bar]를 이용한 공백(띄어쓰기) 또는 [Tab]을 눌러 들여쓰기를 할 수 있으며, 공백 4개를 쓰는 것이 일반적입니다.
2) 하나의 영역 안에서는 반드시 동일한 공백 수로 들여쓰기를 해야 합니다.
3) 서로 다른 영역은 들여쓰기에 사용한 공백 수가 달라도 상관없지만, 가독성을 위해 공백 수를 동일하게 맞춰주는 것이 좋습니다.

2)는 중요한 사항이므로 올바른 예, 잘못된 예를 들어 살펴보겠습니다. 하나의 영역 안에서 서로 다른 공백 수로 들여쓰기할 경우 IndentationError: unexpected indent라는 들여쓰기 오류가 발생합니다.

올바른 들여쓰기	잘못된 들여쓰기
if age >= 20: •••• print("당신의 나이:", age) •••• print("성인입니다.")	if age >= 20: •••• print("당신의 나이:", age) •••••••• print("성인입니다.")

앞에서 다루었던 물과 얼음 예시를 키워드 if를 사용하여 조건문으로 표현해 봅시다.

CH03/3.1_if_ex01.py

```
temp = -2     # 현재 온도
if temp <= 0:
    print("물이 얼었습니다.")
```

> CHAPTER 03부터는 파이썬 파일 형태로 실습 내용을 저장해 봅시다. 참고로 이곳에 표현된 제목(3.1_if_ex01)은 예시입니다. 여러분이 알아보기 쉬운 제목으로 저장해도 좋아요.

현재 온도를 담은 변수 temp에 0보다 작은 숫자를 담고 위 프로그램을 실행해 봅시다. 아래와 같은 결과가 출력됩니다.

실행 결과

물이 얼었습니다.

키워드 if 뒤에 작성된 조건(temp <= 0)은 변수 temp가 0 이하라면 True라는 결과를 냅니다. 위 예시에서는 조건을 만족(True)했기 때문에 if 영역 안에 있는 명령이 실행되었습니다. 그렇다면 조건을 만족하지 않는다면 어떤 결과가 출력될까요? 변수 temp에 0보다 큰 숫자를 담고 다시 실행해 봅시다.

조건을 만족하지 않았을 때(False)는 실행할 명령이 없기 때문에 아무것도 출력되지 않습니다. 만약 조건을 만족하지 않은 경우에 또 다른 명령을 실행하고 싶다면 어떻게 해야 할까요? 이럴 땐 '그렇지 않다면'이라는 뜻의 **키워드 else**를 활용해 봅시다.

문법 **else문**

```
if 조건 1:
    조건 1을 만족했을 때 실행할 명령 1
    조건 1을 만족했을 때 실행할 명령 2
    ...
else:   위 조건 1의 판단 결과가 거짓(False)인 경우, else문 영역 안에 작성된 명령이 실행됩니다.
    조건 1을 만족하지 않았을 때 실행할 명령 1
    조건 1을 만족하지 않았을 때 실행할 명령 2
    ...
```

---

else문은 키워드 else 뒤에 콜론(:)을 작성하고, 그 아래에 조건을 만족하지 않았을 때 실행할 명령을 작성합니다. 그리고 if문과 마찬가지로 반드시 들여쓰기를 하여 영역을 구분해야 합니다. 앞서 작성한 프로그램(3.1_if_ex01.py)에 else문을 추가하고 실행해 봅시다.

CH03/3.1_if_ex01.py

```python
temp = 10
if temp <= 0:
    print("물이 얼었습니다.")
else:
    print("현재 온도는 물이 얼 수 없습니다.")
```

현재 온도는 물이 얼 수 없습니다.

이번에는 else문이 추가되어서 if문의 조건을 만족하지 않은 경우도 문장이 출력되는 것을 확인할 수 있습니다. 파이썬 조건문에서 else문은 단독적으로 쓰일 수 없으며 if문 뒤에 작성되어야 합니다. 또한 조건문의 시작을 담당하며 필수로 작성되어야 하는 if문과 달리, else문은 필요에 따라 생략될 수 있습니다.

3 더 많은 조건을 판단하는 elif문

우리나라는 봄, 여름, 가을, 겨울 이렇게 사계절이 있습니다. 계절은 일반적으로 기후에 따라 구분하는데, 계절에 해당하는 월을 정리하면 오른쪽과 같습니다.

계절	월
봄	3, 4, 5월
여름	6, 7, 8월
가을	9, 10, 11월
겨울	12, 1, 2월

방금 학습한 조건문을 활용하여, 사용자가 입력한 월(month)이 어느 계절(season)에 해당되는지 안내하는 프로그램을 만들어 봅시다.

먼저 봄과 여름만 구분하는 프로그램을 만들어 봅시다. CH03/3.1_if_ex02.py

```
month = int(input('월:'))
if 3 <= month <= 5:
    season = '봄'
    print('{}월은 {}입니다.'.format(month, season))
if 6 <= month <= 8:
    season = '여름'
    print('{}월은 {}입니다.'.format(month, season)
```

사용자에게 월을 입력받아 변수 month에 저장합니다. 이때 입력받은 문자열을 정수로 형 변환합니다.

실행 결과

월: 4
4월은 봄입니다.

위와 같은 방법으로 계절마다 if문을 넣어 사계절을 안내하는 프로그램을 만들 수 있습니다. 하지만 이경우, '봄'을 판단하는 첫 번째 조건문을 만족하더라도 '여름'을 판단하는 그 다음 조건문을 다시 확인하게 됩니다. 컴퓨터는 순차적인 흐름에 따라 새로운 if문을 만날 때마다 그 조건문을 반드시 확인하기 때문입니다.

이처럼 if-else문은 다양한 조건을 판단하는 데 한계가 있습니다. 이때 if문을 도와주는 것이 elif문입니다. **키워드 elif**는 else if를 줄인 말로, 또 다른 조건을 판단해야 할 때 사용합니다. elif문은 개수에 제한 없이 사용할 수 있지만 반드시 if문 다음에 작성해야 합니다.

elif문

```
if 조건 1:
    조건 1을 만족했을 때 실행할 명령 1
    조건 1을 만족했을 때 실행할 명령 2
    ...
elif 조건 2:
    조건 2를 만족했을 때 실행할 명령 1
    조건 2를 만족했을 때 실행할 명령 2
    ...
elif 조건 3:
    조건 3을 만족했을 때 실행할 명령 1
    조건 3을 만족했을 때 실행할 명령 2
    ...
else:
    조건 1~3을 만족하지 않았을 때 실행할 명령 1
    조건 1~3을 만족하지 않았을 때 실행할 명령 2
    ...
```

> 조건 2를 만족하는 경우, 해당 영역의 명령들을 실행하고 더 이상 그 아래 조건문들은 확인하지 않습니다.

그럼 위 프로그램(3.1_if_ex02.py)에 elif문을 추가하여 코드를 수정해 봅시다.

CH03/3.1_if_ex02.py

```
month = int(input('월:'))
if 3 <= month <= 5:
    season = '봄'
elif 6 <= month <= 8:
    season = '여름'
elif 9 <= month <= 11:
    season = '가을'
else:
    season = '겨울'
print('{}월은 {}입니다.'.format(month, season))
```

> 사용자가 범위(1 이상 12 이하) 안의 숫자만 입력한다고 가정합니다.

> 모든 조건문 영역에 작성되어야 할 공통 코드는 조건문 밖에 작성합니다.

실행 결과

월: *12*

12월은 겨울입니다.

이 절에서 우리는

순차적 흐름에 변화를 주는 제어문, 그중에서도 선택 구조를 구현할 수 있는 조건문을 알아보았습니다. 조건의 판단 결과는 참(True) 또는 거짓(False)이기 때문에, 조건문에서 불(Bool) 형이 중요한 역할을 한다는 것을 알게 되었습니다. 또한 조건문의 구조와 키워드 if, elif, else를 학습하였고, 판단해야 하는 조건의 개수에 따라 if문, elif문, else문을 적절히 사용해야 한다는 것도 이해하였습니다. 이제 우리는 조건문을 활용하여 프로그램의 순차적 흐름에 변화를 줄 수 있게 되었습니다. 다음 절에서는 필요에 따라 무한히 반복할 수도 있는, 흥미로운 반복 구조에 대해 학습해 봅시다.

알아보기 **조건 표현식(Conditional expressions)**

조건 표현식은 if-else문을 간단하게 한 줄로 표현한 형태로, 삼항 연산자(Ternary operator)라고도 부릅니다. 조건 표현식은 아래와 같이 한 줄로 표현합니다.

문법 **조건 표현식**

〈참일 때 실행할 명령〉 if 〈조건식〉 else 〈거짓일 때 실행할 명령〉

---

if-else문과 조건 표현식을 비교해 봅시다. 먼저 if-else문을 사용하여 변수 number에 담긴 숫자가 짝수인지, 홀수인지 구분하는 프로그램을 작성해 봅시다.

CH03/3.1_if_extra.py

```
number = 10
if number % 2 == 0:          짝수는 2로 나누었을 때 나머지가 0입니다.
    print('짝수')
else:
    print('홀수')
```

실행 결과

```
짝수
```

이번에는 조건 표현식을 사용해 봅시다. 위 코드와 동일한 실행 결과를 내지만, 조건 표현식을 사용하면 코드를 조금 더 간결하게 만들 수 있습니다.

CH03/3.1_if_extra.py

```
number = 10
print('짝수') if number % 2 == 0 else print('홀수')
```

실행 결과

```
짝수
```

주석(comment)

앞으로 여러분은 점점 더 복잡하고 긴 코드를 작성하게 될 것입니다. 여러분의 코드에 주석을 활용하면 간단한 설명을 덧붙일 수 있습니다. 주석(comment)은 모두가 코드를 더 쉽게 이해할 수 있도록 돕는 역할을 합니다. 특히 여러 사람들과 함께 코드를 작성한다면 주석을 통해 다른 사람이 나의 코드를 이해하는 데 도움을 줄 수 있습니다.

주석은 컴퓨터가 아닌 사람에게 하는 말로, 컴퓨터에게 무시되기 때문에 프로그램에 전혀 영향을 주지 않습니다. 주석은 아래와 같이 표현합니다.

> **1) 한 줄 주석:** 주석 내용 앞에 #을 붙입니다.
> **2) 여러 줄 주석:** 주석 내용을 큰따옴표 3개(""")또는 작은따옴표 3개(''')로 감쌉니다.

이번 절에서 작성한 파이썬 파일(3.1_if_ex01.py)에 주석을 남겨 봅시다!

CH03/3.1_if_ex01.py

```
temp = 10     # 현재 온도
if temp <= 0:     # 물이 얼 수 있는 조건
    print('물이 얼었습니다.')
else:
    print("현재 온도는 물이 얼 수 없습니다.")
```

실행 결과

현재 온도는 물이 얼 수 없습니다.

실행 결과를 통해 주석이 프로그램에 영향을 주지 않음을 확인할 수 있습니다. 따라서 작성된 코드 중 잠깐 필요하지 않은 코드를 주석으로 만들어 실행되지 않도록 하기도 합니다*. 아래 예시를 살펴봅시다.

💬 이를 '주석 처리'한다고 표현합니다.

CH03/3.1_if_ex01.py

```
temp = 10     # 현재 온도
'''
if temp <= 0:     # 물이 얼 수 있는 조건
    print("물이 얼었습니다.")
else:
    print("현재 온도는 물이 얼 수 없습니다.")
'''
```

위 코드에서 제어문 영역이 주석 처리되어 출력 결과가 없습니다.

필요에 따라 한 줄 주석과 여러 줄 주석을 활용해 보세요! 복잡한 코드를 친절한 코드로, 보기 좋게 표현할 수 있습니다.

제어문 (2): 반복문

학습 포인트 ✏️

☐ while문의 구조를 이해하고 만들 수 있어요.
☐ for문의 구조를 이해하고 만들 수 있어요.
☐ 함수 range()의 역할을 이해하고, for문과 함께 사용할 수 있어요.

학습 안내 💬

우리는 순차적 실행 흐름에 변화를 주는 제어문(control statement)을 학습하고 있습니다. 이번 절에서는 특정 동작을 반복하여 실행하는 반복 구조에 대해 알아봅시다. 반복 구조는 반복문으로 구현할 수 있으며, 파이썬에는 두 종류가 있습니다. 반복문 while문과 for문을 활용하여 반복 구조를 가진 프로그램을 간결하게 작성해 봅시다.

1 while문, 조건을 만족할 때까지 반복하기

while문은 조건을 만족할 때까지 반복하는 구조입니다. '~하는 동안'이라는 뜻의 **키워드 while** 뒤에 조건과 콜론(:)을 작성하고, 그 영역 안에 반복해야 할 명령을 작성합니다. while문은 if문과 구조가 비슷합니다. 하지만 if문은 조건을 만족했을 때 영역 내 명령을 한 번 실행하는 반면, while문은 반복해서 실행한다는 차이점이 있습니다.

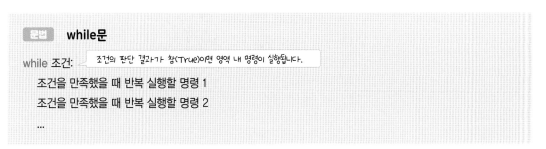

```
문법    while문

while 조건:     조건의 판단 결과가 참(True)이면 영역 내 명령이 실행됩니다.
    조건을 만족했을 때 반복 실행할 명령 1
    조건을 만족했을 때 반복 실행할 명령 2
    ...
```

while문은 조건의 판단 결과가 참(True)이면 명령을 실행합니다. 실행한 후 다시 조건을 판단하여, 결과가 여전히 참이면 다시 명령을 실행합니다. 이렇게 반복하다가 조건이 거짓(False)으로 판단되면 더 이상 반복하지 않고 while문을 빠져나옵니다.

while문이 한 번 실행될 때마다 에너지가 1씩 줄어들고, 에너지가 0이 되면 더 이상 반복되지 않는 프로그램을 작성해 봅시다. 현재의 에너지는 변수 **energy**에 저장하고, 처음 값을 5로 설정해 봅시다.

CH03/3.2_while_ex01.py

```python
energy = 5
while energy > 0:     변수 energy의 값이 0보다 클 때까지 반복합니다.
    print('반복문 실행하기')
    energy -= 1     변수 energy에서 1을 뺀 값을 다시 대입하는 코드로, 아래 코드와 동일한 결과를 냅니다.
                    energy = energy - 1
    print('남아 있는 에너지:', energy)
print('반복문이 종료되었습니다.')
```

반복문 실행하기

남아 있는 에너지: 4

반복문 실행하기

남아 있는 에너지: 3

반복문 실행하기

남아 있는 에너지: 2

반복문 실행하기

남아 있는 에너지: 1

반복문 실행하기

남아 있는 에너지: 0

반복문이 종료되었습니다.

이 프로그램에서 while문은 '변수 energy가 0보다 큰가?'라는 조건을 만족할 때까지 반복하며, 변수 energy의 초기값에 따라 총 5번 반복합니다. 반복 과정은 아래 표와 같이 정리할 수 있습니다. while문의 실행에 따라 변수 energy의 값이 어떻게 변경되는지 확인해 보세요.

변수 energy의 값 (반복문 실행 전)	energy > 0	변수 energy의 값 (반복문 실행 후)	출력 내용
5	True	4	반복문 실행하기 남아 있는 에너지: 4
4	True	3	반복문 실행하기 남아 있는 에너지: 3
3	True	2	반복문 실행하기 남아 있는 에너지: 2
2	True	1	반복문 실행하기 남아 있는 에너지: 1
1	True	0	반복문 실행하기 남아 있는 에너지: 0
0	False	반복문 실행 X	반복문이 종료되었습니다.

이번에는 while문과 사용자 입력을 함께 사용해 봅시다. 총 5명이 참가할 수 있는 게임이 있다고 가정하고, 참가 인원 5명이 될 때까지 다음 3가지 동작을 반복하는 프로그램을 만들어 봅시다.

동작 1 사용자에게 이름을 입력받습니다.

동작 2 사용자의 이름을 게임 참가자 리스트에 추가합니다.

동작 3 새로 추가된 사용자를 환영하는 문구를 출력합니다.

CH03/3.2_while_ex02.py

```python
names = []      # 게임 참가자 리스트
while len(names) < 5:        참가자 리스트의 길이(인원 수)가 5보다 작을 때까지 반복합니다.

    name = input('이름 : ')     # 동작 1

    names.append(name)      # 동작 2

    print(name, '님, 환영합니다!')      # 동작 3


print(names)     반복문이 종료된 후, 참가자 리스트를 출력하여 확인합니다.
```

실행 결과

이름: *진*

진 님, 환영합니다!

이름: *슈가*

슈가 님, 환영합니다!

이름: *지민*

지민 님, 환영합니다!

이름: *정국*

정국 님, 환영합니다!

이름: *뷔*

뷔 님, 환영합니다!

['진', '슈가', '지민', '정국', '뷔']

참가자 리스트의 길이가 5보다 작을 때까지 이름을 추가하는 방법으로 5명의 참가자를 채워 보았습니다. 그런데 만약 추가하려는 참가자의 이름이 참가자 리스트에 이미 존재한다면 어떻게 될까요? 리스트에 같은 이름이 두 번 추가되겠지요. 이럴 때 **키워드 continue**를 활용하면 사용자 이름이 중복 추가되지 않도록 할 수 있습니다.

키워드 continue

'계속'이라는 뜻의 **키워드 continue**는 반복문을 제어하는 키워드 중 하나로, 반복문의 가장 처음, 즉 조건을 판단하는 곳으로 돌아가게 합니다.

앞서 작성한 프로그램(3.2_while_ex02.py)을 응용해 봅시다. 사용자가 입력한 이름(변수 name)이 참가자 리스트(변수 names)에 이미 존재하는 이름이라면, 리스트에 추가하지 않고 사용자에게 다시 입력받을 수 있도록 해봅시다.

CH03/3.2_while_ex02.py

```python
names = []
while len(names) < 5:
    name = input('이름: ')
    if name in names:          in 연산자를 사용하여, 문자열 name이 리스트 names에 포함된 요소인지 확인합니다.
        print('이미 존재하는 이름입니다.')
        continue          더 이상 아래 명령들을 실행하지 않고 while문의 조건을 판단하는 곳으로 이동합니다.


    names.append(name)
    print(name, '님, 환영합니다!')


print(names)
```

실행 결과

```
이름: 진
진 님, 환영합니다!
이름: 슈가
슈가 님, 환영합니다!
이름: 지민
지민 님, 환영합니다!
이름: 진
이미 존재하는 이름입니다.
이름: 정국
정국 님, 환영합니다!
이름: 뷔
뷔 님, 환영합니다!
['진', '슈가', '지민', '정국', '뷔']
```

2 무한 반복과 break

while문은 조건을 만족할 때까지 반복된다는 것을 알았습니다. 그렇다면 조건의 판단 결과가 항상 참(True)이면 어떻게 될까요? 출력하고 싶은 문장과 함께, 조건의 결과가 항상 참인 while문을 작성해 봅시다.

CH03/3.2_while_ex03.py

```
while True:
    print('Forever!')
```

실행 결과

```
Forever!
Forever!
Forever!
Forever!
Forever!
Forever!
Forever!
Forever!
...
```

위 프로그램의 while문은 조건의 판단 결과가 항상 참(True)이기 때문에 무한히 반복되는데, 이러한 구조를 **무한 반복문**이라고 합니다. 무한 반복에 빠졌을 때 Ctrl + C 를 누르면 실행 중인 프로그램을 강제 종료할 수 있습니다.

대부분의 프로그램은 무한 반복문을 사용하더라도 그 안에 무한 반복이 종료될 수 있는 조건을 작성합니다. 이때 함께 사용되는 **키워드 break**는 반복문을 빠져나올 수 있도록 합니다.

무한 반복문을 활용하여, 사용자가 입력하는 내용이 하나의 문자열에 계속해서 누적되는 프로그램을 작성해 봅시다. 이때 사용자가 'stop'이라고 입력할 경우, 무한 반복문은 종료됩니다(다음쪽 코드 참고).

```
s = ''
while True:
    new = input()
    if new == 'stop':
        break

    s += new + ' '
    print(s)
```

변수 s에 사용자가 입력한 내용(문자열)을 누적하여 저장합니다.

사용자가 새롭게 입력한 내용(변수 new)과 띄어쓰기 한 칸을 더하여, 변수 s에 누적합니다. 아래 코드와 그 결과가 같습니다.
s = s + new + ' '

실행 결과

life
life
is too short.
life is too short.
you need
life is too short. you need
python!
life is too short. you need python!
stop

'stop'을 입력하면 무한 반복문이 종료됩니다.

3 for문, 주어진 범위만큼 반복하기

파이썬의 또 다른 반복문인 **for문**을 알아봅시다. while문이 주어진 조건에 따른 반복문이라면, for문은 주어진 범위에 따른 반복문입니다. '범위'에는 처음과 끝이 있죠. 그렇기 때문에 for문의 '범위'는 순서 있는 자료형인 시퀀스 자료형으로 주어집니다.

문법 for문

for 변수 in 시퀀스(문자열, 리스트, 튜플 등):
    실행할 명령 1
    실행할 명령 2
    ...

if문, while문과 마찬가지로 for문에도 콜론(:)을 써야 합니다. 주의하세요!

for문은 주어진 시퀀스의 요소에 순서대로 접근하면서, 접근한 요소를 'for문의 변수'에 대입합니다. 그리고 시퀀스의 요소 개수만큼 영역 내 명령을 반복 실행합니다.

먼저 간단한 실습으로 for문의 구조를 이해해 봅시다. 대표적인 시퀀스 자료형인 리스트를 대상으로 for문을 작성해 봅시다. 리스트의 요소를 순서대로 출력하는 동작을 반복하세요.

CH03/3.2_for_ex01.py

```python
foods = ['햄버거', '피자', '떡볶이', '파스타', '김밥']
for food in foods:
    print(food)
```

> 좋아하는 음식 5개를 문자열 형태로 리스트 foods에 담아 보세요.

실행 결과

```
햄버거
피자
떡볶이
파스타
김밥
```

위 실습을 통해 for문은 주어진 시퀀스(foods)의 길이만큼 반복되고, for문의 변수(food)에는 시퀀스의 요소가 순서대로 대입된다는 것을 확인했습니다. 이번에는 딕셔너리를 활용한 for문을 작성해 봅시다. 음식의 이름을 키(key), 칼로리를 값(value)으로 하는 딕셔너리 변수 foods를 만들고, 음식의 이름과 칼로리를 함께 출력하는 동작을 반복해 봅시다.

CH03/3.2_for_ex02.py

```python
foods = {'햄버거':294, '피자':266, '떡볶이':300, '파스타':325, '김밥':400}
for food, kcal in foods.items():
    print('{}의 칼로리는 {} 입니다.'.format(food, kcal))
```

> 딕셔너리 함수 items()는 딕셔너리의 키와 값의 쌍을 튜플 형태로 가져옵니다.

실행 결과

```
햄버거의 칼로리는 294 입니다.
피자의 칼로리는 266 입니다.
떡볶이의 칼로리는 300 입니다.
파스타의 칼로리는 325 입니다.
김밥의 칼로리는 400 입니다.
```

딕셔너리 함수 items()는 아래와 같이 딕셔너리의 모든 요소를 키와 값이 쌍을 이룬 형태로 나열하여 가져옵니다.

```
>>> foods = {'햄버거':294, '피자':266, '떡볶이':300, '파스타':325, '김밥':400}
>>> foods.items()
dict_items([('햄버거', 294), ('피자', 266), ('떡볶이', 300), ('파스타', 325), ('김밥', 400)])]
```

실행 결과는 dict_items에 감싸져서 나옵니다. 이처럼 dict_items는 리스트와 비슷한 구조를 가지며, 순서 있는 시퀀스 자료형입니다. 따라서 앞의 실습(3.2_for_ex02.py)에서 for문의 변수 food에는 딕셔너리의 키, 변수 kcal에는 딕셔너리의 값이 순서대로 대입됩니다. 이처럼 for문의 변수는 필요에 따라 여러 개를 사용할 수 있습니다.

4 함수 range()로 원하는 범위의 시퀀스 만들기

앞에서 for문은 주어진 '범위'에 따라 반복하는 구조하고 표현했습니다. 파이썬에는 내가 원하는 범위를 만들 수 있는 특별한 방법으로 **함수 range()**가 있는데, 이 함수로 만든 시퀀스 또한 for문의 반복 대상이 될 수 있습니다. 어떻게 쓰이는지 한번 살펴볼까요?

먼저 Python Shell로 **함수 range()**를 사용해 봅시다.

```
>>> range(5)
range(0, 5)
>>> list(range(5))
[0, 1, 2, 3, 4]
>>> list(range(10))
[0, 1, 2, 3, 4, 5, 6, 7, 8, 9]
```

> 함수 range()는 특정 범위의 숫자로 구성된 시퀀스입니다. 리스트로 형 변환하면 어떤 숫자들로 구성되어 있는지 확인할 수 있습니다.

함수 range()의 괄호 안에 숫자 5를 넣으면, 0부터 4까지 총 5개의 정수로 구성된 시퀀스가 만들어집니다. 이때 범위는 0부터 시작되며 괄호 안에 넣은 숫자는 범위에 포함되지 않습니다. 만약 0이 아닌 숫자로 시작하는 범위를 만들고 싶거나, 2씩 증가하는 범위를 만들고 싶다면 어떻게 해야 할까요? 함수 range()는 다음과 같이 3가지 방법으로 사용할 수 있습니다.

방법	생성되는 숫자의 범위
range(stop)	0 이상 stop 미만의 정수
range(start, stop)	start 이상 stop 미만의 정수
range(start, stop, step)	start 이상 stop 미만의 정수 (각 정수의 간격은 step)

그럼 이제 함수 range()를 for문과 함께 사용해 봅시다. 이번 주 청소 당번은 출석번호 5번, 7번, 9번, 11번입니다. 청소 당번을 안내하는 문구를 출력해 봅시다.

> 1) 반복문의 변수로 i가 자주 사용되는데, 이는 'index'의 첫 글자를 의미합니다.
> 2) 5 이상 12 미만의 정수(각 정수의 간격은 2)를 생성합니다. 생성된 숫자 범위는 아래와 같습니다.
> [5, 7, 9, 11]

CH03/3.2_for_ex03.py

```python
for i in range(5, 12, 2):
    print(i, '번은 이번 주 청소 당번입니다.')
```

실행 결과

```
5 번은 이번 주 청소 당번입니다.
7 번은 이번 주 청소 당번입니다.
9 번은 이번 주 청소 당번입니다.
11 번은 이번 주 청소 당번입니다.
```

위 실습처럼 반복에서 숫자의 범위가 중요한 경우, 함수 range()를 사용하면 반복문을 쉽게 구현할 수 있습니다. 또한 함수 range()는 반복 횟수가 중요한 경우에도 유용하게 사용할 수 있습니다. 함수 range()를 사용하여 원하는 문장을 5번 출력해 봅시다.

> range(5)는 0 이상 5 미만의 정수 범위를 생성합니다. 이 범위를 대상으로 한 for문은 총 5번 반복됩니다.

CH03/3.2_for_ex04.py

```python
for i in range(5):
    print('I Love Python!')
```

실행 결과

```
I Love Python!
I Love Python!
I Love Python!
I Love Python!
I Love Python!
```

이 절에서 우리는

  순차적 흐름에 변화를 주는 제어문, 그중 반복 구조를 구현할 수 있는 반복문을 알아보았습니다. 주어진 조건에 따라 반복하는 while문을 학습하며, 반복문이 실행되는 동안 while문 내부에 어떤 변화가 있는지 확인하였습니다. 조건의 판단 결과가 항상 참인 경우 무한 반복하는 구조를 이해하였습니다. 또한 반복문을 제어하는 키워드 continue와 break도 학습하였습니다. 그리고 주어진 범위에 따라 반복하는 for문을 학습하였습니다. 시퀀스 자료형이 반복의 대상, 즉 for문의 범위가 될 수 있음을 이해하였고, 함수 range( )로 직접 만든 숫자 시퀀스를 for문의 대상으로 활용하였습니다.

우리는 **CHAPTER 03**을 통해 선택 구조와 반복 구조를 구현하여 프로그램의 순차적 흐름에 변화를 줄 수 있게 되었습니다. 다음 챕터에서는 조금 더 코드를 조금 더 효율적으로 구현할 수 있는 방법을 학습해 봅시다.

파이썬과 깊은 대화 나누기 (2) – 함수와 모듈

4.1

함수 (1)

학습 포인트 🖊

☐ 프로그래밍에서의 함수의 역할을 이해할 수 있어요.
☐ 함수의 구조를 이해하고, 직접 정의할 수 있어요.
☐ 함수를 구성하는 요소(매개변수, 반환값)를 이해하고 사용할 수 있어요.

학습 안내 💬

이 절에서는 함수(function)에 대해서 학습합니다. 우리는 이 책에서 이미 '함수'라는 용어를 많이 접했고, 파이썬의 다양한 함수를 사용해 보았습니다. 그동안 함수는 '특정 기능을 실행하는 명령' 정도로 이해하고 사용했습니다. 함수가 정확히 어떤 역할을 하는지 알아보고, 함수를 직접 정의하면서 함수의 구조를 이해해 봅시다.

1 함수(function)

파이썬에서 함수의 사용 방법 그리고 프로그래밍에서 함수를 사용하는 이유를 알아봅시다.

앞에서 사용했던 다양한 함수들을 떠올려 보세요. 재밌게도 이 함수들은 비슷한 표기 구조를 가졌습니다. 과연 무엇일까요? 함수 **len()**과 **int()**를 복습하면서 함수의 구조를 이해해 봅시다. 여러분의 기억에 남는 함수를 복습해도 좋아요!

∨ Python Shell

```
>>> len('python')
6
>>> len([100, 200, 300])
3
```

'len'은 함수의 이름입니다. 함수의 이름 뒤에는 소괄호를 열고 닫습니다. 소괄호 안에는 함수에 필요한 값을 입력합니다. 함수 **len()**은 입력받은 값의 길이를 파악하여 돌려줍니다. 예를 들어 'python'이라는 문자열을 입력하면, 그 길이인 6을 돌려줍니다. 이처럼 함수가 값을 돌려주는 것을 '반환한다'라고 표현하고, 그 값을 **반환값**이라고 합니다.

∨ Python Shell

```
>>> int(3.0)
3
>>> int('5')
5
```

함수 int()를 사용하는 방법도 마찬가지입니다. 함수의 이름 뒤에 오는 소괄호 안에 필요한 값을 입력하고, 함수는 그 값을 정수형으로 바꾸어 반환합니다. 예를 들어 3.0이라는 실수를 입력하면, 3이라는 정수를 반환합니다.

두 함수의 구조는 오른쪽 그림과 같이 표현할 수 있습니다.

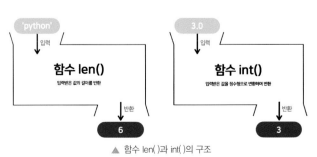

▲ 함수 len( )과 int( )의 구조

지금까지 우리는 함수를 이용해 다양한 기능을 맛보았습니다. 그런데 혹시 이런 궁금증이 든 적 있나요? 프로그래밍에서 왜 함수를 사용하는 것인지, 그리고 함수를 사용하지 않으면 어떤 불편함이 있을지 말이죠.

예를 들어 **함수 len()**이 10줄의 코드로 구현되어 있다고 가정해 봅시다. 만약 함수 len()이 없다면 같은 기능을 어떻게 구현해야 할까요? 문자열의 길이를 파악하는 기능이 필요할 때마다 10줄의 코드를 작성해야 할 것입니다. 하지만 그 기능이 len()이라는 함수로 정의되어 있기 때문에, 우리는 쉽게 가져다 사용할 수 있습니다. 이렇게 특정 기능을 하는 코드의 묶음인 함수를 사용함으로써, 코드의 중복을 줄일 수 있고 더 효율적으로 프로그래밍을 할 수 있습니다.

우리는 지금까지 파이썬이 제공하는 함수를 가져다 사용했습니다. 이러한 함수를 파이썬 내부에 저장되어 있는 함수라고 하여 **내장 함수***라고 부릅니다.

💬💬💬 모든 내장 함수는 파이썬 공식 문서(https://docs.python.org/ko/3/library/functions.html)에서 확인할 수 있습니다.

② 사용자 정의 함수

파이썬에는 다양한 내장 함수들이 있지만, 내가 필요한 기능이 내장 함수로 정의되어 있지 않을 수 있습니다. 이럴 때는 내가 함수를 직접 만들고 사용할 수 있습니다. 사용자가 직접 만든 함수를 **사용자 정의 함수**라고 합니다.

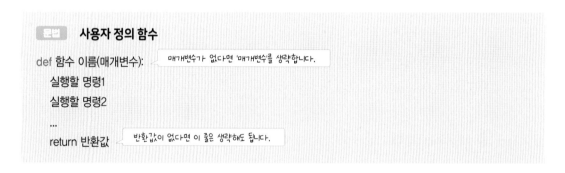

사용자 정의 함수를 만드는 방법은 다음과 같습니다. 먼저 '정의하다(define)'라는 뜻의 **키워드 def**로 시작하며, 이어서 함수의 이름과 소괄호, 콜론(:)을 작성합니다. 이때 소괄호 안에는 함수에 필요한 값을 변수 형태로 작성하는데, 이를 **매개변수(parameter)**라고 합니다. 함수의 기능은 반드시 들여쓰기 후 영역을 구분하여 작성합니다. 마지막으로 함수의 반환값이 있는 경우에는 **키워드 return**과 함께 반환값을 작성합니다.

함수의 매개변수와 반환값은 있을 수도 있고, 없을 수도 있습니다. 매개변수가 있는 함수와 없는 함수, 반환값이 있는 함수와 없는 함수를 각각 구현하면서 그 역할을 이해해 봅시다.

Python을 함께 학습하고 있는 사람에게 인사말을 출력해주는 **함수 greeting()**을 정의해 봅시다.

CH04/4.1_function_ex01.py

```python
def greeting():
    print('안녕하세요!')
    print('우리는 함께 Python을 배우고 있어요.')
    print('남은 시간도 파이팅!')
```

위 예시를 실행해 보세요. 3가지 문장이 출력되나요? 아무것도 출력되지 않는 것이 맞습니다. 방금 우리가 한 건 '함수 정의'입니다. 함수의 이름만 지어주고 아직 함수를 부르지 않은 것이죠. 정의한 함수는 반드시 그 함수의 이름을 불러야 실행할 수 있으며, 이를 '함수를 호출한다'라고 표현합니다.

함수를 호출하는 방법은 간단합니다. 앞 챕터에서 print(), type() 등 파이썬 내장 함수를 여러 번 호출해 보았죠? 사용자 정의 함수를 호출하는 방법도 이와 마찬가지입니다. 자, 그럼 내가 만든 함수 greeting()을 한번 호출해 봅시다.

CH04/4.1_function_ex01.py

```python
def greeting():
    print('안녕하세요!')
    print('우리는 함께 Python을 배우고 있어요.')
    print('남은 시간도 파이팅!')


greeting()      # 함수 호출
```

> 정의된 함수는 여러 번 호출할 수 있습니다. 함수 greeting( )을 2번 이상 호출해 보세요. 여러분이 함수를 호출한 만큼 문장이 출력될 것입니다.

실행 결과

```
안녕하세요!
우리는 함께 Python을 배우고 있어요.
남은 시간도 파이팅!
```

이번에는 인사를 건넬 사람의 이름과 함께 인사말을 출력해 봅시다. 기존 **함수 greeting()**에 매개변수 name을 추가해 봅시다.

CH04/4.1_function_ex01.py

```
def greeting(name):       사람의 이름을 담을 매개변수 name을 추가합니다.
    print(name, '님, 안녕하세요!')     함수 안에서 매개변수 name을 사용할 수 있습니다.
    print('우리는 함께 Python을 배우고 있어요.')
    print('남은 시간도 파이팅!')


greeting('수빈')
greeting('지혜')
```

실행 결과

```
수빈 님, 안녕하세요!
우리는 함께 Python을 배우고 있어요.
남은 시간도 파이팅!
지혜 님, 안녕하세요!
우리는 함께 Python을 배우고 있어요.
남은 시간도 파이팅!
```

위에서 정의한 **함수 greeting()**은 특정 사람에게 인사를 건네는 기능을 실행하기 위해, 사람의 이름을 알고 있어야 합니다. 이처럼 함수가 알고 있어야 할 값은 매개변수를 통해 전달할 수 있습니다. 매개변수는 함수 정의 시 소괄호 안에 작성해 주고, 그 함수 안에서만 사용될 수 있는 변수입니다. 또한 **greeting('수빈')**, **greeting('지혜')**와 같이, 함수를 호출할 때 매개변수에 필요한 데이터를 함께 전달해 주어야 합니다.

매개변수의 개수는 정해져 있지 않습니다. 매개변수를 여러 개 사용할 경우, 함수 정의 시 소괄호 안에 콤마(,)로 구분하여 나열합니다. 기존 **함수 greeting()**에 매개변수 language를 추가해 봅시다.

```
def greeting(name, language):
    print(name, '님, 안녕하세요!')
    print('우리는 함께 ' + language + '을(를) 배우고 있어요.')
    print('남은 시간도 파이팅!')


greeting('수빈', 'Python')
greeting('지혜', 'Java')
```

배우고 있는 프로그래밍 언어를 담을 매개변수 language를 추가합니다.

함수 안에서 매개변수 language를 사용할 수 있습니다.

실행 결과

```
수빈 님, 안녕하세요!
우리는 함께 Python을(를) 배우고 있어요.
남은 시간도 파이팅!
지혜 님, 안녕하세요!
우리는 함께 Java을(를) 배우고 있어요.
남은 시간도 파이팅!
```

이렇게 매개변수가 없는 함수와 있는 함수의 차이, 함수의 매개변수를 통해 값을 전달하는 방법, 그리고 여러 가지 매개변수를 활용하는 방법까지 알아보았습니다. 그런데 만약 매개변수가 있는 함수를 호출할 때, 전달할 값을 생략한다면 어떤 결과가 나올까요?

알고 넘어가기 매개변수(parameter)와 인자(argument)

위 프로그램(4.1_function_ex01.py)에서 매개변수 language에 전달할 값을 생략하고 **greeting('수빈')**과 같이 호출하면, 아래와 같은 오류가 발생합니다.

```
TypeError: greeting() missing 1 required positional argument: 'language'
```

함수 **greeting()**에 필요한 값(argument)이 없다는 오류입니다. 그런데 이 오류 메시지에는 매개변수를 의미하는 'parameter'가 아닌 'argument'라는 단어가 나옵니다. 두 단어는 아래와 같은 차이가 있습니다.

- **매개변수(parameter)**: 함수를 정의할 때 나열하는 변수
- **인자(argument)**: 함수를 호출할 때 전달하는 실제 값

위 프로그램에서 함수를 정의할 때 나열한 변수 name, language는 매개변수이고, 함수를 호출할 때 전달하는 '수빈', 'Python', '지혜', 'Java'와 같은 실제 값들은 인자입니다. 위에서 발생한 오류는 함수 greeting()에 전달해야 할 실제 값이 없기 때문에 발생한, 인자에 대한 오류입니다.

반환값이 있는 함수

지금까지 우리는 반환값이 없는 함수를 정의했습니다. 이번에는 반환값이 있는 함수를 정의해 봅시다. 청소년 수와 어른 수를 입력하면 영화 티켓의 전체 가격을 반환하는 **함수 ticket()**를 정의해 봅시다. 청소년의 영화 티켓은 10,000원, 어른의 영화 티켓은 12,000원으로 가정합니다.

CH04/4.1_function_ex02.py

```python
def ticket(student, adult):     매개변수 student는 청소년 수를, 매개변수 adult는 어른 수를 담습니다.
    price = 10000 * student + 12000 * adult     변수 price는 전체 가격을 담습니다.
    return price     키워드 return으로 전체 가격을 반환합니다.

ticket(3, 2)
```

위 프로그램을 실행해 보세요. 어떤 결과가 출력되나요? 아무것도 출력되지 않는 것이 맞습니다. 우리는 그동안 결과를 출력할 일이 있을 때 함수 print()를 사용해 왔습니다. 함수의 반환값도 마찬가지로 함수 print()를 사용하여 출력할 수 있습니다.

CH04/4.1_function_ex02.py

```python
def ticket(student, adult):
    price = 10000 * student + 12000 * adult
    return price

total = ticket(3, 2)     함수의 반환값을 변수 total에 대입합니다.
print('총 가격:', total)
```

실행 결과

```
총 가격: 54000
```

보통 반환값이 있는 함수는 함수 호출과 함께 새로운 변수에 대입하는 형태, 즉 **새로운 변수 = 함수 이름()** 형태로 사용됩니다. 이렇게 함수의 반환값을 새로운 변수에 대입하면, 함수 바깥 영역에서 그 변수를 통해 반환값을 활용할 수 있습니다.

이 절에서 우리는

함수에 대해 자세히 알아보았습니다. 프로그래밍에서 함수의 역할과 함수를 사용하는 이유를 이해하고, 함수를 구성하는 요소인 매개변수와 반환값에 대해 학습하였습니다. 또한 매개변수가 없는 함수와 있는 함수, 반환값이 없는 함수와 있는 함수를 직접 정의하면서 함수의 구조를 더 깊이 이해하였습니다. 다음 절(4.2)에서는 매개변수와 반환값에 대해 조금 더 깊이 알아봅니다.

4.2

함수 (2)

학습 포인트 ✏️

- ☐ 매개변수에 초기값을 설정할 수 있어요.
- ☐ 가변 길이의 매개변수가 필요한 이유를 이해하고 지정할 수 있어요.
- ☐ 키워드 return의 역할을 이해하고, 상황에 맞게 활용할 수 있어요.

학습 안내 💬

4.1 함수 (1)을 통해 함수의 기본을 학습했습니다. 그리고 필요한 함수를 사용자 정의 함수로 직접 정의해 보면서 함수를 구성하는 요소인 매개변수와 반환값에 대해 알아보았습니다. 이 절에서는 알면 유용한 매개변수와 반환값의 활용을 알아봅시다.

1 매개변수 더 알아보기

매개변수(parameter)는 함수를 정의할 때 소괄호 안에 나열하는 변수로, 매개변수를 통해 함수가 알고 있어야 할 값을 전달할 수 있습니다. 매개변수를 어떻게 활용할 수 있는지 더 자세히 학습해 봅시다.

LESSON 1 매개변수 초기화

앞 절(4.1)에서 작성한 프로그램(4.1_function_ex01.py)을 복사해서 새로운 파일로 만들어 봅시다.

4.1_function.ex01.py를 복사한 파일입니다.

CH04/4.2_function_ex01.py

```python
def greeting(name, language):
    print(name, '님, 안녕하세요!')
    print('우리는 함께 ' + language + '을(를) 배우고 있어요.')
    print('남은 시간도 파이팅!')


greeting('수빈', 'Python')
greeting('지혜', 'Java')
```

우리가 정의한 **함수 greeting()**은 특정 사람에게 인사를 건네는 함수로, 매개변수로는 name과 language 가 있습니다. 변수를 만들 때 특정 값으로 초기화하는 것처럼, 매개변수도 초기값을 가질 수 있습니다. 매개변수 language의 초기값을 '**Python**'으로 설정해 봅시다.

CH04/4.2_function_ex01.py

```python
def greeting(name, language='Python'):
    print(name, '님, 안녕하세요!')
    print('우리는 함께 ' + language + '을(를) 배우고 있어요.')
    print('남은 시간도 파이팅!')


greeting('수빈')
greeting('지혜', 'Java')
```

함수 정의 시 소괄호 안에서 매개변수의 초기값을 설정할 수 있습니다.

매개변수 language에 전달할 값을 생략하고 함수를 호출해 봅시다.

수빈 님, 안녕하세요!

우리는 함께 Python을(를) 배우고 있어요.

남은 시간도 파이팅!

지혜 님, 안녕하세요!

우리는 함께 Java을(를) 배우고 있어요.

남은 시간도 파이팅!

초기값이 있는 매개변수는 함수 호출 시 그 값을 생략할 수 있습니다. 매개변수 language는 초기값이 있기 때문에, **greeting('수빈')**과 같이 호출해도 오류가 나지 않습니다. **greeting('수빈')**은 **greeting('수빈', 'Python')**과 실행 결과가 같습니다.

주의할 점	### 매개변수에도 순서가 있어요 (1)

방금 정의한 함수 greeting()의 매개변수 name은 초기값이 없고, language는 초기값이 있습니다. 함수를 정의할 때는 초기값이 없는 매개변수를 반드시 먼저 작성해 주어야 합니다.

그런데 만약 두 매개변수의 순서를 바꿔서 작성하면 어떤 결과가 나올까요?

```python
def greeting(language='Python', name):
    print(name, '님, 안녕하세요!')
    ...생략...
```

위와 같이 실행하면 아래와 같은 오류가 발생합니다.

```
SyntaxError: non-default argument follows default argument
```

(문법 오류: 초기값이 없는 매개변수가 초기값이 있는 매개변수 뒤에 왔습니다.)

LESSON 2 가변 길이의 매개변수

앞에서 정의한 **함수 greeting()**을 호출할 때, 매개변수 name과 language에는 각각 하나의 값(문자열)이 전달되었습니다. 하지만 만약 매개변수 name에 전달될 값의 개수가 정해져 있지 않다면 어떻게 해야 할까요? 이런 경우에는 매개변수를 전달되는 값의 길이가 달라질 수 있는, 가변 길이의 매개변수로 지정하면 됩니다.

매개변수 name을 가변 길이의 매개변수로 지정해 봅시다.

CH04/4.2_function_ex02.py

```python
def greeting(language, *name):    매개변수 앞에 곱셈 기호(*)를 붙여서 가변 길이의 매개변수로 지정합니다.
    print(type(name))    가변 길이의 매개변수 name이 어떤 형태로 전달되는지 확인해 봅시다.
    for n in name:
        print(name, '님, 안녕하세요!')
    print('우리는 함께 ' + language + '을(를) 배우고 있어요.')
    print('남은 시간도 파이팅!')


greeting('Python', '수빈', '정우')
print('------------')    함수 호출 결과를 구분하여 볼 수 있도록 추가한 구분선입니다.
greeting('Java', '지혜', '성민', '준영')
```

실행 결과

```
<class 'tuple'>
수빈 님, 안녕하세요!
정우 님, 안녕하세요!
우리는 함께 Python을(를) 배우고 있어요.
남은 시간도 파이팅!
------------
<class 'tuple'>
지혜 님, 안녕하세요!
성민 님, 안녕하세요!
준영 님, 안녕하세요!
우리는 함께 Java을(를) 배우고 있어요.
남은 시간도 파이팅!
```

가변 길이의 매개변수는 전달되는 값의 개수에 상관없이 항상 튜플 형태로 묶여서 전달되는 것을 확인
했습니다. 따라서 매개변수 name은 for문의 반복 대상이 될 수 있으며, for문을 활용하여 전달되는 값의
개수만큼 '~ 님, 안녕하세요!'라는 인사말을 반복 출력할 수 있습니다.

매개변수에도 순서가 있어요 (2)

앞에서 정의한 함수 greeting( )의 매개변수 name은 가변 길이지만, language는 가변 길이가 아닙니다. 함수를 정의할 때 보통 가변 길이의 매개변수들은 가장 마지막에 위치합니다. 그 이유는 함수의 각 매개변수에 값을 전달하고 남은 값들은 모두 가변 길이의 매개변수에 전달하기 때문입니다.

2 반환값 더 알아보기

반환값은 함수를 실행했을 때 돌려주는 값을 의미하고, 반환값이 있는 경우에는 키워드 return과 함께 작성합니다. 반환값을 어떻게 활용할 수 있는지 더 자세히 학습해 봅시다.

LESSON 1 여러 개의 반환값

앞 절에서 작성한 프로그램(4.1_function_ex02.py)을 다시 살펴봅시다.

CH04/4.1_function_ex02.py
```python
def ticket(student, adult):
    price = 10000 * student + 12000 * adult
    return price


total = ticket(3, 2)
print('총 가격:', total)
```

함수 ticket( )은 청소년 수(student)와 어른 수(adult)에 따른 영화 티켓의 전체 가격(price)을 반환하는 함수입니다. 이를 청소년의 가격과 어른의 가격을 각각 반환하는 함수로 수정해 봅시다.

새로운 파일입니다. CH04/4.2_function_ex03.py

```python
def ticket(student, adult):
    price1 = 10000 * student
    price2 = 12000 * adult
    return price1
    return price2


total = ticket(3, 2)
print(total)
```

변수 price1은 청소년의 전체 티켓 가격을 담습니다.

변수 price2는 어른의 전체 티켓 가격을 담습니다.

새롭게 정의한 함수 ticket()은 2개의 반환값을 가지며, 그에 따라 키워드 return을 2번 사용하여 각 값을 반환했습니다. 프로그램을 실행해 봅시다. 어떤 결과가 나오나요?

실행 결과

```
30000
```

오류가 발생하지는 않지만 청소년의 전체 티켓 가격(30000)만 반환되는 것을 확인할 수 있습니다. 왜 어른의 전체 티켓 가격은 함께 반환되지 않을까요? 이는 키워드 return의 역할 때문입니다. 함수 실행 중에 키워드 return을 만나면 그 아래 코드는 더 이상 실행되지 않고 함수 바깥으로 빠져나갑니다. 즉 키워드 return은 반환값을 돌려주는 동시에 함수를 종료하는 역할을 합니다.

이렇게 우리는 여러 개의 값을 반환하기 위해 키워드 return을 여러 번 사용할 수 없다는 것을 확인했습니다. 그렇다면 여러 개의 반환값을 갖는 함수는 어떻게 정의할 수 있을까요?

CH04/4.2_function_ex03.py

```python
def ticket(student, adult):
    price1 = 10000 * student
    price2 = 12000 * adult
    return price1, price2


total = ticket(3, 2)
print(type(total))
print(total)
```

반환값의 형태를 출력해 봅시다.

```
<class 'tuple'>
(30000, 24000)
```

여러 개의 반환값은 콤마(,)로 구분하여 반환할 수 있는데, 이때 반환값은 튜플 형태를 가집니다. 또한 청소년의 티켓 가격은 **total[0]**, 어른의 티켓 가격은 **total[1]**과 같이 인덱싱을 통해 각 값에 접근할 수 있습니다.

알고 넘어가기 | **함수를 종료하는 키워드 return**

앞에서 키워드 return의 역할을 2가지로 설명했습니다.

1) 반환값을 돌려 줍니다. 2) 함수를 종료합니다.

키워드 return을 함수를 종료하는 역할에 중점을 두고 사용하는 경우도 있습니다. 즉 반환할 값은 없지만 더 이상 함수 내 코드를 실행하지 않고 종료시키고 싶을 때 사용하는 경우입니다.

함수 ticket()은 한 번에 최대 5명의 티켓만 계산할 수 있다고 가정하고, 총 인원 수가 5를 초과하면 반환값 없이 함수가 종료되는 코드를 추가해 봅시다.

CH04/4.2_function_ex03.py
```python
def ticket(student, adult):
    if student + adult > 5:
        return
    price1 = 10000 * student
    price2 = 12000 * adult
    return price1, price2


print(ticket(3, 2))
print(ticket(3, 3))   5명을 넘긴 인원으로 함수를 호출합니다.
```

```
(30000, 24000)
None
```

ticket(3, 3)과 같이 총 인원 수가 5를 초과한 경우 키워드 return으로 인해 더 이상 아래 코드가 실행되지 않고 함수가 종료되며, 반환값이 없다는 의미로 키워드 None이 출력됩니다. 이처럼 return을 활용하여 함수를 종료하는 방법은 예외 상황을 처리*할 때 많이 사용됩니다.

> 💬 예기치 못한 오류가 생기는 등의 예외 상황에 대처하기 위한 코드를 작성하는 것을 '예외 처리'라고 합니다.

이 절에서 우리는

이전에 구현했던 프로그램을 조금씩 수정해 보면서 함수를 구성하는 매개변수와 반환값을 좀 더 자세히 알아보았습니다. 일반 변수를 생성할 때 초기값을 가졌던 것처럼 매개변수도 초기값을 가질 수 있다는 것을 알았습니다. 또한 전달할 값의 개수가 정해지지 않은 매개변수는 곱셈 기호(*)를 사용하여 가변 길이의 매개변수로 지정할 수 있다는 것을 학습했습니다. 그리고 여러 개의 값을 반환해야 할 경우를 실습하며, 키워드 return의 역할을 더 자세히 이해할 수 있었습니다. 다음 절에서는 우리의 파이썬 프로그램에 더 큰 날개를 달아줄 모듈에 대해 학습해 봅시다.

모듈

학습 포인트 🖊

☐ 파이썬의 표준 모듈을 불러와 사용할 수 있어요.
☐ 모듈의 역할을 이해하고 필요에 따라 알맞게 활용할 수 있어요.

학습 안내 💬

우리는 이 책의 **CHAPTER 03**부터 각 실습을 위한 파이썬 파일을 여러 개 만들어 프로그래밍을 했습니다. 이렇게 만든 각각의 파이썬 파일을 스크립트(script)라고 불렀죠. 우리는 그동안 하나의 스크립트 안에서 필요한 변수와 함수를 정의하고, 그것들을 활용하여 원하는 기능을 구현했습니다.

그런데 만약 다른 스크립트에서 정의한 내용들이 현재 스크립트에도 필요할 경우에는 어떻게 해야 할까요? 그때마다 현재 스크립트에 새롭게 정의한다면 프로그램의 길이만 길어질 것입니다. 파이썬은 이러한 경우를 위해 모듈(module)을 제공합니다. 이번 절에서 파이썬에서 제공하는 모듈을 사용해 보면서, 모듈에 대해 이해하고 모듈이 주는 편리함을 직접 경험해 봅시다.

1 모듈과 파이썬 표준 모듈

모듈은 특정 주제에 대한 기능들을 정의해둔 스크립트로, 다른 스크립트에서 쉽게 가져다 쓸 수 있는 하나의 파일입니다. 모듈은 함수처럼 누군가 만들어 놓은 것을 가져다 사용할 수도 있고 내가 직접 만들어 사용할 수도 있습니다. 파이썬은 자주 사용되는 기능들을 정의해둔 **표준 모듈(Standard Modules)**[*]을 제공하며, 표준 모듈은 별도의 설치 없이 사용할 수 있습니다.

💬 모든 표준 모듈은 파이썬 공식 문서(https://docs.python.org/ko/3.10/py-modindex.html)에서 확인할 수 있습니다.

> **문법** **모듈 불러오기**
>
> import 모듈 이름

모듈에는 각각 그 이름에 맞는 편리한 기능들이 정의되어 있습니다. 이러한 기능을 사용하려면 먼저 현재 스크립트로 모듈을 불러와야 하는데, 이때 '불러오다'라는 뜻의 **키워드 import**를 이용합니다. import 문은 키워드 import 뒤에 필요한 모듈 이름을 쓰는 형태로, 보통 스크립트 위쪽에 작성합니다.

우리는 파이썬의 **표준 모듈 random, math, datetime**을 사용해볼 것입니다. 각 모듈에 어떤 기능들이 정의되어 있는지 알아보고, 필요에 맞게 사용해 봅시다.

2 표준 모듈 random

표준 모듈 random은 무작위로 값을 뽑는 것과 관련된 모듈입니다. random 모듈에 정의된 함수를 사용해 봅시다.

▶ 함수 randrange(): 주어진 범위 안에서 랜덤한 정수를 뽑아 반환합니다.

함수 randrange()를 활용하여, 1 이상 100 이하의 범위에서 뽑은 랜덤한 정수를 출력해 봅시다.

CH04/4.3_module_ex01.py

```
import random    표준 모듈 random을 불러옵니다.


n = random.randrange(1, 101)
print(n)
```

15 　코드를 여러 번 실행해 보세요. 실행할 때마다 범위 안에서 뽑힌 랜덤한 정수가 출력됩니다.

import로 불러온 모듈의 함수는 random.**randrange**(1, 101)와 같이, 모듈 이름 뒤에 점(.)을 찍고 호출해야 합니다. 함수 randrange()의 매개변수들은 랜덤한 정수를 뽑을 범위를 결정하는데, 앞에서 학습한 함수 range()와 비슷한 구조를 가집니다.

방법	랜덤한 정수를 뽑을 범위
randrange(stop)	0 이상 stop 미만
randrange(start, stop)	start 이상 stop 미만
randrange(start, stop, step)	start 이상 stop 미만 (각 정수의 간격은 step)

알고 넘어가기 　함수 randrange()와 비슷한 함수 randint()

함수 randint()는 그 이름에서 알 수 있듯이 랜덤한 정수를 반환하는 함수이며, 아래와 같은 형태로 사용합니다.

∨ Python Shell

```
>>> import random
>>> random.randint(1, 100)
>>> 79
```

함수 randint()는 호출 시 범위를 결정짓는 2개의 값이 필수로 전달되어야 하고, 함수 randrange()와 다르게 두 번째 값을 포함하여 그 범위를 결정합니다. 예를 들어, 1 이상 100 이하의 범위에서 랜덤한 정수를 뽑아야 한다면 randrange(1, 101) 또는 randint(1, 100)를 호출할 수 있습니다.

▶ **함수 choice()**: 주어진 시퀀스에서 랜덤한 요소를 뽑아 반환합니다.

함수 randrange()와 **randint()**가 정수를 대상으로 하는 함수인 반면, **함수 choice()**는 시퀀스 자료형을 대상으로 하는 함수입니다. 함수 choice()를 활용해서 아이스크림 종류를 랜덤하게 출력해 봅시다.

```
import random
```

```
'''
n = random.randrange(1, 101)
print(n)
'''
```
앞에서 실습한 내용을 주석으로 처리합니다.

```
icecreams = ['엄마는외계인', '아몬드봉봉', '초코나무숲', '바닐라', '요거트']
i = random.choice(icecreams)
print(i + ' 아이스크림')
```
좋아하는 아이스크림 5개를 요소로 하는 리스트 변수 icecreams를 만듭니다.

실행 결과

요거트 아이스크림
코드를 여러 번 실행해 보세요. 실행할 때마다 리스트 icecreams에서 뽑힌 랜덤한 요소가 출력됩니다.

위 예시처럼 함수 choice()를 호출할 때 괄호 안에는 길이가 0이 아닌 시퀀스를 전달해야 합니다. 그렇지 않으면 시퀀스의 인덱스가 범위를 벗어났다는 오류(IndexError)가 발생합니다.

참고로 함수 choice()와 비슷한 기능을 가진 함수가 있습니다. 아래에 소개하니, 함수 choice()와 함께 알아보세요.

알고 넘어가기 | **함수 choice()와 비슷한 함수 sample()**

함수 choice()는 주어진 시퀀스에서 한 가지 요소를 뽑아 반환하는 반면, **함수 sample()**은 랜덤한 요소 n개를 뽑아 새로운 시퀀스로 반환합니다. 예를 들어 **함수 sample()**을 이용해 아이스크림 3개를 랜덤으로 뽑는다면 아래와 같이 사용할 수 있습니다.

∨ Python Shell

```
>>> import random
>>> icecreams = ['엄마는외계인', '아몬드봉봉', '초코나무숲', '바닐라', '요거트']
>>> random.sample(icecreams, 3)
>>> ['요거트', '바닐라', '아몬드봉봉']
```

위와 같이 함수 sample()은 호출 시 랜덤하게 뽑고 싶은 요소의 개수(n)를 함께 전달해야 합니다. 이때 n은 주어진 시퀀스의 길이보다 클 수 없습니다.

3 표준 모듈 math

표준 모듈 math는 수학과 관련된 모듈입니다. math 모듈에 정의된 함수를 사용해 봅시다.

▶ **함수 ceil():** 소수점 아래 숫자를 올림한 정수를 반환합니다.

함수 ceil()*을 활용하여 사용자가 입력한 숫자를 올림하여 출력해 봅시다.

💬 ceil은 '천장'을 의미하는 ceiling에서 따온 단어입니다.

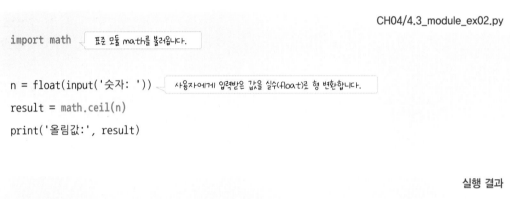

CH04/4.3_module_ex02.py

```
import math        표준 모듈 math를 불러옵니다.

n = float(input('숫자: '))    사용자에게 입력받은 값을 실수(float)로 형 변환합니다.
result = math.ceil(n)
print('올림값:', result)
```

실행 결과

```
숫자: 15.47
올림값: 16
```

▶ **함수 floor():** 소수점 아래 숫자를 내림한 정수를 반환합니다.

이번에는 반대로 **함수 floor()***를 활용하여 사용자가 입력한 숫자를 내림하여 출력해 봅시다.

💬 floor는 '바닥'을 의미합니다.

CH04/4.3_module_ex02.py

```
import math

n = float(input('숫자: '))
'''
result = math.ceil(n)      위에서 실습한 내용을 주석으로 처리합니다.
print('올림값:', result)
'''
```

```
result = math.floor(n)
print('내림값:', result)
```

실행 결과

숫자: *25.98*
내림값: 25

알고 넘어가기 **함수 floor()와 비슷한 함수 trunc()**

∨ Python Shell

```
>>> import math
>>> math.floor(8.5)
8
>>> math.trunc(8.5)
8
```

위 예시를 보면 **함수 trunc()***와 floor()는 동일한 기능을 가진 것 같지만, 음수(-)를 대상으로 두 함수를 호출했을 때 반환값이 서로 다릅니다.

💬 '버리다'를 의미하는 truncate를 간략히 표현한 단어입니다.

∨ Python Shell

```
>>> import math
>>> math.floor(-8.5)
-9
>>> math.trunc(-8.5)
-8
```

함수 floor()는 항상 괄호 속 숫자보다 작은 숫자로 내린 정수를 반환하는 반면, 함수 trunc()는 소수점 아래 숫자를 버린 정수를 반환합니다. 즉 함수 floor()는 값을 '내리는' 함수이고, 함수 trunc()는 값을 '버리는' 함수입니다.

---

math 모듈을 활용하니 올림, 내림 연산을 쉽게 할 수 있네요. 그렇다면 반올림은 어떻게 할 수 있을까요? 반올림은 math 모듈 없이 **내장함수 round( )**만으로 할 수 있습니다. 잠깐 알아보고 넘어갑시다.

∨ Python Shell

```
>>> round(100.56)
101
>>> round(100.56, 1)
100.6
>>> round(100.567, 2)
100.57
```

반올림하고 싶은 숫자 1개를 함수 round( ) 괄호 안에 전달할 수 있습니다. 기본적으로 함수 round( )는 전달된 숫자를 소수점 아래 첫째 자리에서 반올림하여 결과를 반환합니다. 또한 **round(100.56, 1)**, **round(100.567, 2)**처럼 괄호 안에 숫자를 하나 더 전달할 수도 있습니다. 이때 두 번째 전달된 숫자는 '반올림하여 소수점 아래 몇 번째 자리까지 표현할지'를 의미합니다. 예를 들어 **round(100.567, 2)**는 소수점 아래 셋째 자리에서 반올림하여, 그 결과를 소수점 아래 둘째 자리까지 표현합니다.

▶ 상수 pi: 원주율을 의미하는 파이(π)

math 모듈에는 수학에서 의미 있게 사용되는 값(상수)도 몇 가지 정의되어 있습니다. 이러한 상수*도 함수를 호출하는 방법과 동일하게, 모듈 이름 뒤에 점(.)을 찍고 호출하면 됩니다. 원주율을 의미하는 파이(π)는 **pi**라는 이름으로 정의되며, 아래와 같은 값을 담고 있습니다.

···· 변수는 변하는 값을 저장하는 공간이라면, 상수(constant)는 변하지 않고 항상 똑같은 값을 저장하는 공간입니다. 다른 프로그래밍 언어들은 변수와 상수를 만드는 방법이 각각 있지만, 파이썬은 같은 방법을 사용합니다.

∨ Python Shell

```
>>> import math
>>> math.pi
3.141592653589793
```

math 모듈의 상수 pi를 활용하여 반지름이 r인 원의 둘레를 구하는 기능을 구현해 봅시다.

```
import math


r = 5
l = 2 * math.pi * r
print(print("반지름: {}, 원의 둘레: {}".format(r, l))
```

원의 둘레를 구하는 공식입니다.

실행 결과

```
반지름: 5, 원의 둘레: 31.41592653589793
```

4 표준 모듈 datetime

표준 모듈 datetime은 날짜, 시간과 관련된 모듈로, 앞에서 살펴본 random, math 모듈보다 비교적 많은 내용이 정의되어 있습니다. datetime 모듈은 그 내용에 따라 몇 가지 공간에 나누어 정의되어 있는데, 시간과 관련된 정의는 **time**, 날짜와 관련된 정의는 **date**, 날짜와 시간을 조합한 정의는 **datetime**에 정의되어 있습니다.

그중 date에 정의된 **함수 today()**는 현재 날짜(년, 월, 일)를 반환하며 아래와 같이 사용할 수 있습니다.

∨ Python Shell

```
>>> import datetime
>>> datetime.date.today()
datetime.date(2021, 12, 31)
```

함수 today()를 활용하여 오늘 날짜로부터 특정 날짜까지 며칠 남았는지 알려주는 기능을 구현해 봅시다.

```
import datetime


worldcup = datetime.date(2022, 11, 21)
today = datetime.date.today()
print(worldcup - today)
```

여러분에게 의미 있는 날짜를 date 형태로 만들어 보세요.
예시인 변수 worldcup은 2022년 카타르 월드컵의 날짜입니다.

```
325days, 0:00:00
```
현재 날짜에 따라 다른 결과가 나옵니다.

변수 worldcup과 변수 today는 같은 date 형태이기 때문에 뺄셈 연산이 가능하며, 차이 기간이 연산 결과로 나옵니다. 차이 기간은 날짜(325days)와 시간(0:00:00)이 함께 나오는데, 아래와 같은 방법으로 날짜만 가져올 수 있습니다.

CH04/4.3_module_ex04.py

```python
import datetime

worldcup = datetime.date(2022, 11, 21)
today = datetime.date.today()
n = (worldcup - today).days
print(n)
```

datetime 모듈에 정의된 변수 days를 통해 가져올 수 있습니다.

실행 결과

```
325
```

조금 더 보기 좋게 출력해 봅시다.

CH04/4.3_module_ex04.py

```python
import datetime

worldcup = datetime.date(2022, 11, 21)
today = datetime.date.today()
n = (worldcup - today).days

print("2022 카타르 월드컵 D-{}".format(n))
```

실행 결과

```
2022 카타르 월드컵 D-325
```

이 절에서 우리는

　파이썬이 제공하는 몇 가지 표준 모듈을 사용해 보면서 모듈의 역할과 구조에 대해 이해했습니다. 모듈을 활용하면 현재 스크립트에서 필요한 기능을 쉽게 구현할 수 있다는 것을 알 수 있었습니다. 이 절에서 학습한 파이썬 표준 모듈 외에도, 전 세계 파이썬 개발자들이 함께 개발하고 공유한 모듈이 많이 있습니다. 다음 챕터에서는 그러한 외부 모듈을 다양하게 활용하며 나만의 인공지능 프로그램을 구현해 봅시다!

방법 1 **import문으로 모듈의 전체 불러오기**

아래는 우리가 앞에서 사용한 방법입니다. 이렇게 import문으로 모듈을 불러온 경우, 함수를 호출할 때 **모듈 이름.함수 이름()** 형태로 작성해야 합니다.

CH04/4.3_module_extra.py

```python
import random
print(random.randrange(1, 101))
```

이외에도 import문으로 모듈을 불러올 때 좀 더 간편하게 작성하는 방법이 있습니다. **키워드 as**를 활용하면 모듈에 나만의 이름을 붙여 사용할 수도 있습니다.

CH04/4.3_module_extra.py

```python
import random as rd
print(rd.randrange(1, 101))
```

방법 2 **from ... import문으로 모듈의 일부만 불러오기**

from 모듈 이름 import 변수, 함수로 모듈에서 필요한 내용만 불러올 수도 있습니다. 모듈을 이렇게 불러온 경우, 모듈 이름과 점(.)을 생략하고 함수를 호출할 수 있습니다.

CH04/4.3_module_extra.py

```python
from random import randrange
print(randrange(1, 101))
```

이 방법은 함수를 쉽게 호출할 수 있어 편리하지만, 불러올 모듈에서 필요한 기능을 정확히 알고 사용해야 합니다. 또한 여러 함수를 호출하고 싶다면 아래와 같이 콤마(,)로 구분하여 쓸 수도 있습니다.

CH04/4.3_module_extra.py

```python
from random import randrange, randint
print(randrange(1, 101))
print(randint(1, 100))
```

from ... import문으로 모듈의 전체를 불러올 수도 있습니다. 이때 사용되는 *는 모듈에 정의된 모든 내용을 의미합니다.

CH04/4.3_module_extra.py

```python
from random import *
print(randrange(1, 101))
```

파이썬의 친구, 인공지능 만나기

인공지능과 머신러닝

학습 포인트 ✏️

☐ 생활 속 사례들을 통해 인공지능을 이해할 수 있어요.

☐ 기존 프로그래밍 방식과의 비교를 통해 머신러닝의 기초 원리를 이해할 수 있어요.

☐ 딥러닝의 기초 원리 그리고 기존 머신러닝과의 차이를 이해할 수 있어요.

학습 안내 💬

오늘날 우리는 인공지능 시대에 살고 있다고 말합니다. 아침에 일어나 스마트폰 속 인공지능 비서인 시리(Siri)에게 날씨를 물어 옷차림을 정하고, 차를 타고 이동할 때는 실시간 도로 상황을 파악하여 빠른 길을 안내해주는 내비게이션을 사용합니다. 유튜브(YouTube)를 통해 나의 관심사가 담긴 추천 영상을 보기도 하고, 인공지능 스피커를 통해 오늘 날씨와 어울리는 음악을 듣기도 합니다.

이번 챕터에서는 인공지능에 대해 이해하고 파이썬으로 직접 구현해 봅니다. 본격적으로 인공지능을 만들어 보기 전에 인공지능과 머신러닝, 그리고 딥러닝을 재미있고 쉽게 이해해 보는 시간을 갖도록 합시다.

1 인공지능

흔히 AI라고 불리는 **인공지능(Artificial Intelligence)**은 인간이 만든 지능으로, **인간과 비슷하게 행동하는 기계를 연구하는 기술 분야**를 의미합니다. '인간과 비슷하게 행동한다'라고 하면 대부분, 인간의 겉모습과 비슷한 형태를 하고 비슷한 몸동작을 하는 로봇을 먼저 떠올리게 됩니다. 그렇다면 이러한 로봇만이 인공지능일까요?

▲ 보스턴 다이내믹스의 이족보행 로봇 아틀라스(Atlas) (출처: https://blog.bostondynamics.com/)

스마트폰 속 개인 비서라고 불리는 애플의 시리, 구글의 구글 어시스턴트 등을 떠올려 봅시다. 이러한 시스템은 사용자의 목소리를 듣고, 그 안의 핵심 키워드를 이해하고 분석하며, 사용자가 원하는 결과를 대답합니다. 이 예시로 알 수 있듯이 '인간과 비슷하게 행동한다'라는 것은 인간처럼 보고 듣고, 이해하며, 특정 결과로 반응하는 것까지를 의미합니다.

▲ 인공지능 비서의 행동 흐름

'인공지능'이라는 용어는 언제 처음 등장했을까요? 바로 1956년, 미국 다트머스 대학교에서 열린 한 컨퍼런스에서 처음 등장하게 됩니다. 당시 다트머스 컨퍼런스에는 '인간처럼 지능을 가진 기계'에 관심이 있는 세계적인 수학·과학자들이 모였고, 그들은 그러한 기계를 '인공지능'이라는 이름으로 처음 정의하게 됩니다.

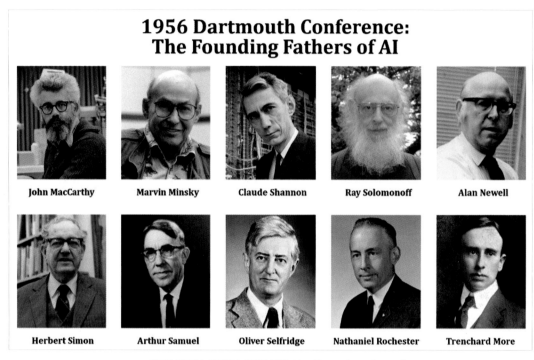

▲ 1956년 다트머스 컨퍼런스 참가자 (출처: https://www.scienceabc.com/)

인공지능은 그 용어가 나온 이후 여러 차례 암흑기를 겪었고, 심지어 '인공지능의 겨울'이라고 불리는 시대도 있었습니다. 하지만 2000년대에 들어서 인공지능은 활발히 연구되며 의료, 금융, 쇼핑, 환경, 스포츠, 교육 등 인간이 필요로 하는 모든 분야에서 적극적으로 활용되고 있습니다. 이러한 인공지능의 발전에는 '빅데이터'라고 불리는 다양한 형태를 가진 많은 양의 데이터와 빅데이터를 처리해줄 수 있는 뛰어난 컴퓨터 성능과 알고리즘들이 밑바탕이 되었습니다.

2 머신러닝

앞에서 인공지능은 '인간과 비슷하게 행동하는 기계를 연구하는 분야'라고 정의했고, 인간과 비슷하게 행동하는 것에는 인간처럼 인식하고, 이해하며, 반응하는 것이라고 설명했습니다. 이러한 인공지능과 항상 함께 이야기하는 것이 있는데, 바로 **머신러닝(Machine Learning)**입니다.

오른쪽 그림은 인공지능, 머신러닝, 딥러닝의 관계를 표현한 그림입니다. 인공지능과 머신러닝은 서로 어떤 관계처럼 보이나요?

머신러닝은 인공지능 안에 포함된 개념입니다. 따라서 인공지능과 머신러닝을 각각의 개념으로 이해하기보다, 머신러닝은 인공지능을 구현하는 방법 중 하나로 이해하는 것이 중요합니다.

머신러닝은 단어 그대로 **기계(Machine)가 학습(Learning)하는 방법**입니다. 기계가 어떻게 학습하는지 그 방법을 알아보기 전에, 먼저 우리가 지금까지 해온 프로그래밍 방식과 머신러닝이 어떻게 다른지 크게 살펴봅시다.

우리가 지금까지 해온 프로그래밍 방식은 프로그램에 특정 규칙을 넣고 입력값을 제공하면, 규칙에 따른 결과물(정답)이 출력되는 구조였습니다. 예를 들어 입력값을 모두 곱하는 규칙을 가진 프로그램에 5와 20을 입력값으로 제공하면, 100이라는 결과물이 출력되는 것이죠.

▲ 일반적인 프로그래밍 방식

한편 머신러닝은 기존 프로그래밍 방식과 다르게 기계에 입력값과 원하는 출력값(정답)을 제공하면, 학습을 거쳐 특정 규칙을 찾아 나가는 구조입니다. 예를 들어 아래와 같이 숫자 입력값과 숫자 출력값 세트를 제공하면 기계 스스로 '곱셈'이라는 규칙을 찾아내는 것이죠.

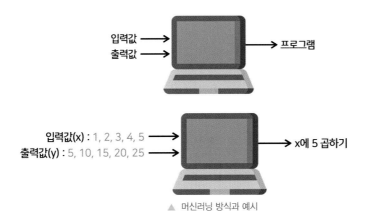

▲ 머신러닝 방식과 예시

아직 두 방식의 차이점이 잘 와닿지 않나요? 그렇다면 이미지를 판별하는 프로그램을 구현할 때 두 방식이 어떻게 다른지 이해해 봅시다. 토끼 이미지를 판별하는 프로그램을 구현한다고 생각해 보세요. 기존 프로그래밍 방식으로 구현한다면, 먼저 토끼를 판별하기 위해 '위로 길고 큰 귀', '튀어나온 앞니', 'Y자 모양의 코'와 같은 규칙을 뽑아낼 것입니다. 그리고 새롭게 입력된 동물 이미지가 토끼인지, 아닌지 판별한 결과를 출력할 것입니다.

그런데 만약 새롭게 입력된 동물 이미지가 아래로 축 늘어진 모양의 귀를 가진 토끼라면 어떻게 될까요? 우리가 구현한 프로그램은 규칙에 따라 '토끼가 아니다'라고 판별할 것입니다. 이를 보완하려면 어떻게 해야 할까요? 우리는 많은 종류의 토끼 생김새 규칙을 프로그램에 넣어서 모든 경우의 수를 대비해야 할 것입니다.

한편 위와 같은 이미지 판별을 머신러닝으로 구현한다면 어떻게 될까요? 기계에 수많은 토끼 이미지와 '토끼'라는 정답을 함께 입력하면, 기계는 그 데이터를 학습하여 스스로 토끼 생김새의 규칙을 찾아냅니다. 그렇게 많은 데이터를 학습한 기계에 새로운 토끼 이미지를 입력하면, 기계는 스스로 찾아낸 규칙을 바탕으로 '토끼'라고 판별할 수 있게 됩니다.

앞서 이야기한 다트머스 컨퍼런스에 참여했던 아서 사무엘(Arthur Samuel)은 1959년, 머신러닝을 **명확하게 표현된 프로그래밍 없이 컴퓨터가 스스로 학습할 수 있도록 하는 것**이라고 정의했습니다. 이 정의에서도 알 수 있듯이, 머신러닝의 핵심은 정답을 찾는 정확한 방법(규칙)을 기계에게 알려주는 것이 아니라, 기계 스스로 어떤 반복적인 과정을 거쳐 정답에 가까워지는 방법을 알아내는 것에 있습니다.

3 지도 학습과 비지도 학습

우리는 새로운 수학 문제를 잘 풀기 위해 여러 연습 문제를 풀며 학습합니다. 이처럼 기계도 새로운 문제를 잘 해결하기 위해 여러 데이터로 학습하는데, 기계에게 데이터가 어떻게 주어지냐에 따라 머신러닝의 종류가 달라집니다. 종류를 크게 나누면 지도 학습과 비지도 학습이 있는데, 각각의 학습 방식을 이해하고 어떤 문제를 해결하는 데 활용되는지 알아봅시다.

먼저 **지도 학습(Supervised Learning)**은 기계가 데이터와 그에 대한 정답*이 함께 주어진 상태에서 학습하는 것입니다. 마치 우리가 정답지를 보면서 수학 문제를 푸는 모습과 비슷한 것으로, 기계가 정답을 통해 '지도'를 받는 형태입니다.

> **•••** 이를 레이블(Label)이라고 합니다.

동물 이미지를 보고 토끼인지 아닌지 분류하는 인공지능을 만든다고 가정해 봅시다. 기계를 학습시키기 위해 여러 동물 이미지(데이터)를 제공하는데, 이때 각 이미지에 '토끼(rabbit)' 또는 '토끼가 아닌 동물(not rabbit)'이라는 레이블(정답)을 함께 제공합니다. 기계는 학습 과정에서 이미지와 레이블을 비교하면서 스스로 본인의 분류 능력을 업데이트합니다. 학습을 마친 기계는 레이블 없이 새로운 동물 이미지를 보고 토끼인지 아닌지 분류하게 됩니다.

▲ 지도 학습 과정의 예시

▲ 지도 학습이 된 기계의 예측

지도 학습으로 구현된 인공지능은 분류나 예측 문제를 해결하는 데 활용됩니다. 내 메일함에 들어온 메일이 스팸 메일인지 아닌지 또는 인터넷 기사에 달린 댓글이 악성 댓글인지 아닌지를 분류하기도 하고, 스마트폰 카메라에 입력된 얼굴이 사용자 본인의 얼굴인지 아닌지를 인식하기도 합니다. 또한 지금까지의 날씨 데이터를 통해 내일의 날씨를 예측하기도 합니다.

비지도 학습(Supervised Learning)은 기계가 레이블(정답) 없이 데이터만 주어진 상태에서 학습하는 것입니다. 기계는 주어진 데이터 사이의 관계나 패턴을 찾아 스스로 학습하게 됩니다.

기계에게 많은 종류의 동물 이미지를 학습할 데이터로 제공한다고 가정해 봅시다. 기계는 학습 과정에서 각 데이터의 특징을 파악하고, 비슷한 특징을 가진 데이터끼리 하나의 그룹으로 묶습니다*. 학습을 마친 기계는 새로운 동물 이미지를 보고 특정 그룹에 매칭시킵니다.

💬 이를 군집화(Clustering)라고 합니다.

▲ 비지도 학습 과정의 예시

▲ 비지도 학습이 된 기계의 예측

비지도 학습으로 구현된 인공지능은 그룹화를 할 수 있는 문제, 평소와 다른 값을 찾아내는 문제 등을 해결하는 데 활용됩니다. 예를 들면 인터넷 쇼핑몰에서 비슷한 물건에 관심이 있는 사람들을 그룹화하여 그들이 좋아할 만한 물건을 추천해 주기도 하고, 신용카드에 평소와 다른 패턴의 결제가 요청된 경우 카드 소유자에게 자동으로 경고 메시지를 전송하기도 합니다.

4 딥러닝

인공지능과 머신러닝, 어느 정도 감이 오시나요? 인공지능하면 머신러닝이라는 개념이 따라오듯이, 머신러닝하면 따라오는 개념이 하나 더 있습니다. 바로 **딥러닝(Deep Learning)**입니다.

딥러닝을 알아보기 전에 오른쪽 그림을 한 번 더 살펴봅시다. 머신러닝과 딥러닝은 서로 어떤 관계처럼 보이나요?

머신러닝은 인공지능에 포함된 개념으로, 인공지능을 만드는 방법 중 하나입니다. 딥러닝과 머신러닝의 관계도 이와 마찬가지로, 딥러닝은 머신러닝의 여러 방법 중 하나입니다. 즉, 기계가 학습하는 여러 방법 중 하나가 딥러닝인 것입니다. 따라서 머신러닝과 딥러닝을 별개의 개념으로 이해하지 않는 것이 중요합니다. 인공지능을 공부하다 보면 간혹, 머신러닝과 딥러닝을 비교하는 자료를 볼 수 있는데, 이는 '딥러닝이 아닌' 머신러닝과 딥러닝을 비교하는 것으로 이해하면 됩니다.

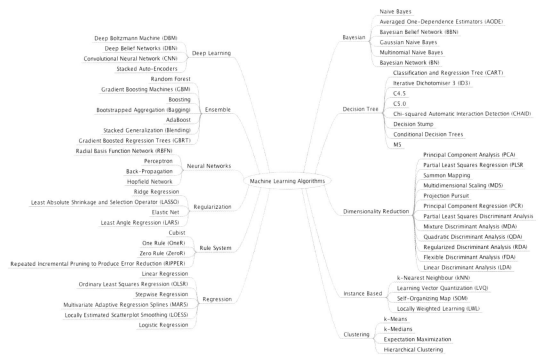

▲ 기계가 학습하는 여러 방법들 (출처: https://machinelearningmastery.com/)

딥러닝은 **인공 신경망**(ANN, Artificial Neural Network)을 기반으로 만들어진 개념입니다. 인공 신경망은 '기계도 인간이 학습하는 방법과 비슷하게 학습하게 하자'는 아이디어에서 출발했습니다. 인간은 눈, 코, 입 등으로부터 특정 정보를 입력받으면 그 정보를 뇌 속의 신경 세포인 뉴런에 전달하고, 서로 연결된 수많은 뉴런들이 이 정보의 특징을 주고받으면서 인간은 정보를 학습합니다. 이때 뉴런들이 연결된 구조를 '신경망'이라고 하고, 인공 신경망은 신경망을 인공적으로 만들었다고 하여 그 이름을 갖게 되었습니다. 즉 인공 신경망은 인간의 뇌에서 일어나는 학습과정을 본떠서 기계에 적용한 것입니다.

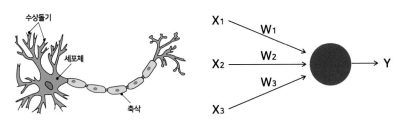

▲ 뉴런과 인공 뉴런

인공 신경망은 퍼셉트론(Perceptron)*, 역전파 알고리즘(Backpropagation)* 등 깊은 역사를 가졌지만, 느린 학습 속도 등 기계의 학습 성과에 대해 아쉬운 점이 많았습니다. 그래서 기존 인공 신경망이 가진 한계점을 극복하고자 인공 신경망을 여러 층(layer)으로 깊게 쌓은 다층 구조를 통해 학습하는 방법이 등장했는데, 이를 딥러닝이라고 합니다.

••• 퍼셉트론은 여러 입력 신호를 받아 하나의 신호를 출력하는 방법입니다.

••• 역전파 알고리즘은 기계의 계산 결과와 정답 사이의 오차를 구한 후, 역으로 그 오차에 영향을 주는 값을 수정하여 오차가 작아지도록 하는 방법입니다.

딥러닝의 발전으로, 기계는 기존 머신러닝 방식보다 더 많은 양의 데이터를 빠르고 정확하게 학습할 수 있게 되었습니다. 최근 많은 사람들이 '인공지능은 곧 딥러닝'이라고 인식할 정도로 음성 인식, 이미지 인식, 자연어 처리 등 대부분의 인공지능이 딥러닝 기술을 활용하여 만들어지고 있습니다.

이 절에서 우리는

인공지능, 머신러닝, 딥러닝을 세 가지 개념의 관계를 중심으로 알아보았습니다. 먼저, 우리 주변 사례들을 통해 인간과 비슷하게 행동하는 기계인 인공지능, 그러한 인공지능을 만드는 방법 중 하나인 머신러닝을 이해하였습니다. 머신러닝의 종류는 크게 지도 학습, 비지도 학습, 강화 학습으로 나뉘고, 이러한 학습을 하기 위해 다양한 방법이 존재한다는 것을 알게 되었습니다. 또한 그 다양한 방법 중 하나로 인공 신경망(ANN)이라는 기술이 있고, 이를 기반으로 만들어진 기술이 딥러닝이라는 것을 이해하였습니다. 다음 절(5.2)에서는 간단한 실습들을 통해 딥러닝을 이해하고 직접 구현해 보는 시간을 가져 봅시다!

강화 학습(Reinforcement Learning)은 지도 학습, 비지도 학습과 자주 함께 등장하는 머신러닝의 종류입니다. 이는 2016년, 우리나라 이세돌 9단과의 바둑 대결에서 승리한 알파고(AlphaGo)[*]가 바둑을 스스로 학습한 방법 중 하나로, 기계가 여러 시행착오를 반복하며 학습하는 방법입니다.

💬 ··· 구글 딥마인드가 개발한 인공지능 바둑 프로그램입니다.

▲ 알파고 vs. 이세돌 (출처: https://www.deepmind.com/)

강화 학습은 사람이 게임 실력을 늘리는 과정과 비슷합니다. 여러분이 장애물을 피하는 게임을 한다고 가정해 봅시다. 내가 조작하는 캐릭터가 장애물을 피하면 점수가 늘어나고, 그렇지 않으면 점수가 줄어듭니다. 게임은 화면을 통해 현재 점수, 캐릭터와 장애물의 위치 등 게임 상태를 보여줍니다.

우리는 어떻게 게임 실력을 늘릴 수 있나요? 게임 환경(environment)에서 현재 상태(state)를 관찰하면서 점수(reward)를 얻기 위한 방법을 판단(policy)하고, 그 판단에 따라 캐릭터를 조작합니다(action). 내가 조작한 캐릭터가 장애물을 피하면 점수를 얻고 그렇지 못하면 점수를 잃는 상태를 관찰하며, 어떤 상태에서 어떻게 행동해야 더 많은 점수를 얻는지 판단합니다. 이러한 과정이 반복되면서 우리는 게임에 대한 판단력이 점차 강화됩니다. 누군가에게 게임을 잘하는 방법을 직접적으로 배우지 않고, 스스로 시행착오를 겪으며 실력이 강화된 모습이지요.

강화 학습을 하는 기계는 위처럼 게임을 하는 사람의 모습과 크게 다르지 않습니다. 강화 학습의 핵심은 기계가 어떤 환경(environment)에서 현재 상태(state)를 관찰하면서 최대의 보상(reward)을 받을 수 있는 행동(action)을 선택하는, 좋은 정책(policy)을 찾아내는 것입니다.

나의 첫 번째 인공지능

학습 포인트 ✏️

☐ 구글 코랩을 사용할 수 있어요.

☐ 머신러닝 라이브러리의 역할을 이해하고 사용할 수 있어요.

☐ 기계가 학습하는 흐름을 이해하고 간단한 인공지능을 구현할 수 있어요.

학습 안내 💬

이번 절에서 우리는 파이썬으로 첫 번째 인공지능을 만들어볼 텐데요. 그 전에 우리가 더 쉽고 간단하게 인공지능을 만들 수 있도록 도와줄 몇 가지 도구들을 알아볼 것입니다. 인공지능을 개발하는 데, 내 컴퓨터의 환경은 크게 중요하지 않습니다. 우리가 사용할 도구들은 컴퓨터의 운영체제도, 성능도 영향을 주지 않습니다. 단지 인터넷이 가능한 컴퓨터만 있으면 됩니다. 자, 그 멋진 도구들을 한번 알아볼까요?

1 구글 코랩

구글 코랩(Colaboratory, 줄여서 Colab)은 구글에서 제공하는 프로그램으로, 웹 브라우저에서 파이썬 코드를 자유롭게 작성할 수 있는 온라인 에디터입니다. 구글 계정과 웹 브라우저만 있다면, 파이썬을 별도로 설치하지 않고도 파이썬 코드를 작성하고 실행할 수 있습니다. 특히 머신러닝은 개발 환경을 갖추기 위해 많은 도구들을 설치해야 하고, 프로그램 실행을 위해 좋은 성능을 가진 컴퓨터가 필요합니다. 반면에 구글 코랩으로 작성한 코드는 구글 클라우드 서버를 통해 실행되기 때문에, 나의 컴퓨터 성능과 상관없이 구글의 하드웨어 성능을 사용할 수 있습니다. 그럼 아래 STEP 1 ~ STEP 3을 따라가며 구글 코랩을 사용해 봅시다.

STEP 1 　**구글 드라이브 접속하고 폴더 만들기**

코랩은 구글 드라이브와 연결되어 있어, 우리가 실습한 내용은 구글 드라이브에 저장됩니다. 나의 구글 계정으로 로그인한 후 구글 드라이브(https://drive.google.com/)에 접속해 보세요. 드라이브에 내 실습 내용을 저장할 폴더를 하나 만들어 봅시다*. 앞으로의 실습 내용을 한 폴더에 모아두면 더욱 잘 관리할 수 있겠죠?

💬💬💬 저자는 폴더 이름을 'Python_ML'로 정했어요. 이외에도 여러분이 원하는 이름으로 정해도 좋습니다.

▲ 구글 드라이브에서 새 폴더 만들기

▲ 생성된 폴더

첫 번째 노트북 만들기

코랩으로 만든 파일은 **노트북(Notebook)**이라고 부르며, 노트북의 확장자는 .ipynb입니다.

그럼 첫 번째 코랩 노트북을 만들어 봅시다. **STEP 1**에서 만든 드라이브 폴더의 빈 공간을 오른쪽 클릭하고 [더보기 〉 Google Colaboratory]를 선택하세요.

▲ 첫 번째 코랩 노트북 만들기

STEP 3 **파이썬 코드 작성하고 실행하기**

코드를 작성하기 전에 만들어진 노트북의 이름을 수정해 볼까요? 확장자(.ipynb)는 그대로 두고 원하는 이름으로 수정해 보세요.

▲ 노트북 이름 수정하기

코랩에는 코드 셀(cell)과 텍스트 셀이 있는데 필요한 만큼 셀을 추가하여 사용할 수 있습니다. **코드 셀**에는 파이썬 코드를 작성할 수 있고, 텍스트 셀에는 글자, 이미지, 링크 등을 작성할 수 있습니다. **텍스트 셀**을 활용하여 코드 셀과 함께 오늘 학습한 내용을 정리해볼 수 있겠네요!

새로 만든 노트북에는 코드 셀(cell)이 하나 준비되어 있습니다. 코드 셀에 간단한 출력문 하나를 작성하고 한번 실행해 볼까요? 코드 셀을 실행할 때는 코드 셀 왼쪽 위에 있는 실행 버튼을 클릭하거나, Ctrl 키 (⌘ 키)와 Enter↵ 키를 동시에 누르면 됩니다.

▲ 코드 셀 실행하기

코랩에서 작성한 코드는 파이썬 파일(.py) 형태로 다운받을 수 있습니다. 구글 드라이브뿐만 아니라 내 컴퓨터에도 저장해두고 싶다면 아래 그림을 참고하세요.

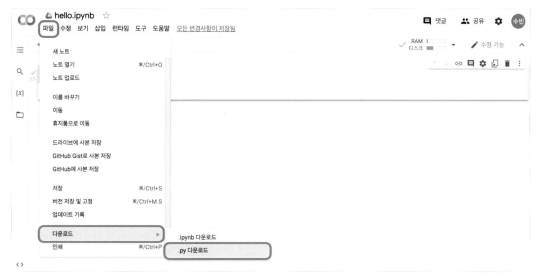

▲ 노트북 다운로드하기

이렇게 코랩 덕분에 굉장히 간단한 방법으로 인공지능을 개발할 준비를 모두 마쳤습니다.

앞으로 남은 실습에는 구글 코랩을 사용하여 쉽고 빠르게 코드를 작성해 봅시다!

새로운 노트북 만들기

첫 번째 노트북을 만든 방법으로 새로운 노트북을
만들 수 있습니다. 이외에도 코랩을 실행한 상태에
서 새 노트북을 만드는 방법이 있는데, 상단 메뉴
에서 [파일 〉 새 노트]를 선택하면 됩니다.

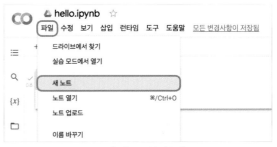

▲ 새로운 노트북 만들기

코랩을 실행한 상태에서 노트북을 만든 경우, 노트북은 기본적으로 구글 드라이브의 폴더 'Colab Notebooks'에 저장
됩니다. 노트북을 내가 만든 폴더로 이동하고 싶다면 상단 메뉴에서 [파일 〉 이동]을 선택하고 원하는 폴더를 지정하
면 됩니다.

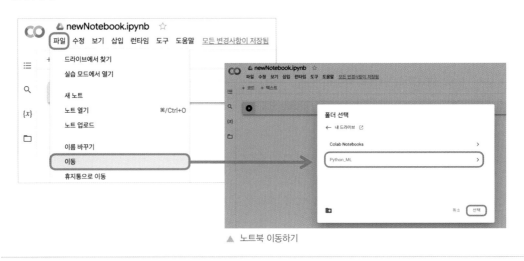

▲ 노트북 이동하기

2 텐서플로우와 케라스

기계를 학습시킨다는 것은 꽤나 복잡하고 어려운 일입니다. 하지만 세상에는 우리가 머신러닝을 조
금 더 쉽게 구현할 수 있도록 도와주는 도구들이 많이 있습니다. 우리는 그중 다음 2가지 도구를 함께 사
용할 것입니다.

▲ 텐서플로우(TensorFlow)와 케라스(Keras)

텐서플로우(TensorFlow)는 구글에서 개발한 도구로, 머신러닝 특히 딥러닝을 쉽게 구현할 수 있도록 다양한 기능을 제공하는 라이브러리*입니다. 이 라이브러리는 오픈소스 소프트웨어*로, 텐서플로우를 구현한 소스코드*는 모두 공개되어 있어서 누구나 제한 없이 그 코드를 열람하고 사용할 수 있습니다.

💬 라이브러리와 오픈소스 소프트웨어란 무엇인지 궁금하다면 아래를 참고해 보세요.
- **라이브러리**: 소프트웨어 개발 시 공통으로 사용할 수 있는 기능들을 모아둔 하나의 프로그램
- **오픈소스 소프트웨어**: 줄여서 오픈소스라고도 부르며, 누구든 별다른 제한 없이 열람하고 사용할 수 있도록 공개한 소스 코드를 의미

💬 텐서플로우 소스코드는 https://github.com/tensorflow/tensorflow에서 확인할 수 있습니다.

텐서플로우는 구글뿐만 아니라 국내외 여러 기업에서 인공지능을 개발하는 데 활용되고 있습니다*. 그 예로, 카카오는 배차된 카카오 택시의 운행 완료율을 예측하는 프로그램에, 네이버는 하루 2,000만 개 이상 등록되는 네이버 쇼핑의 제품을 약 5,000개의 카테고리에 자동으로 매칭하는 프로그램에 텐서플로우를 활용했다고 합니다.

💬 더 많은 텐서플로우 활용 예시를 알고 싶다면 다음의 링크를 참조해 보세요. (https://www.tensorflow.org/about/case-studies)

케라스(Keras)는 파이썬으로 만들어진 딥러닝 라이브러리로, 텐서플로우와 함께 사용되는 도구입니다. 텐서플로우가 워낙 많은 기능을 갖고 있다 보니, 사용자 입장에서는 이용하기 다소 어렵고 복잡하다고 느낄 수도 있습니다. 케라스는 이러한 사용자들을 위해 텐서플로우의 기능들을 최대한 쉽고 간결하게 사용할 수 있도록 만든 라이브러리입니다. 실제로 케라스 공식 홈페이지에, 케라스는 '빠른 실험을 가능하게 하는 데 중점을 두고 개발되었다(It was developed with a focus on enabling fast experimentation.)'라고 소개되고 있습니다.

케라스의 핵심은 레이어(layer)와 모델(model)입니다. **5.1 인공지능과 머신러닝**에서 딥러닝은 인공 신경망을 여러 층으로 깊이 쌓은 다층 구조를 통해 학습하는 방법이라고 설명했습니다. 이러한 딥러닝을 구현하는 데 케라스를 활용하면 여러 개의 레이어를 쌓아 쉽게 모델을 구성할 수 있습니다.

구글 코랩에서는 머신러닝을 위한 도구들을 별도의 설치 없이 불러와 사용할 수 있습니다. 또한 케라스는 텐서플로우(버전 2 이상)만 설치되어 있다면 사용할 수 있습니다. 앞에서 만든 첫 번째 코랩 노트북에 텐서플로우와 케라스를 불러와 그 버전을 확인하는 코드를 작성해 봅시다.

```python
import tensorflow as tf
print(tf.__version__)
print(tf.keras.__version__)
```

내가 작성하고 있는 파이썬 스크립트에 tensorflow를 import 하고, tf라고 부르도록 합니다.

tf 끝과 keras 끝에 점(.)을 하나씩 찍어 주세요. 그리고 __는 _를 두 번 입력한 것입니다.

실행 결과

```
2.7.0
2.7.0
```

업데이트 등의 이유로 여러분이 확인하는 버전은 이와 다를 수 있어요.

3 나의 첫 번째 인공지능: X와 Y의 관계를 알아내다!

다음 표의 X, Y에는 어떠한 관계가 있습니다. 숫자들을 잘 살펴보세요. 그 관계가 보이나요? 보인다면 어떻게 알 수 있었나요?

X	−1	0	1	2	3
Y	−3	2	7	12	17

여러분들은 숫자를 보고 X는 1씩, Y는 5씩 커지는 것을 파악했습니다. 또한 X가 0일 때 Y가 2라는 것을 통해 X와 Y 사이에 덧셈 연산이 필요하다는 것도 알아챘을 것입니다. 그 결과 **Y = 5X + 2**라는 관계*를 예상하고 다른 (X, Y) 세트에도 적용해보니 그 예상이 맞다는 결론을 냈을 것입니다. 표의 숫자를 보고 우리 머릿속에서 일어난 과정이 바로 머신러닝이 작동하는 과정입니다. 기계에게 패턴이 있는 입력값, 출력값을 제공하면 기계는 데이터를 학습하여 그 패턴을 스스로 알아내는 것이죠.

Y가 X에 대한 일차식으로 주어질 때 이를 일차함수라고 하며, 그 관계를 그래프로 그렸을 때 직선의 형태를 가져 선형함수라고도 합니다.

5.2절에서 머신러닝은 기계에 입력값과 출력값을 제공하면 학습을 거쳐 특정 규칙을 찾아 나가는 구조라고 설명했습니다. 아래 그림을 머릿속에 떠올리며 여러분의 첫 번째 인공지능을 만들어 봅시다.

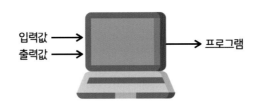

입력값 →
출력값 →
→ 프로그램

이미지와 같은 어려운 데이터보단 (X, Y)와 같이 비교적 쉬운 데이터를 학습시켜 보겠습니다. 이 절에서는 머신러닝의 흐름을 이해하고 라이브러리의 기본 사용법을 익히는 데 초점을 맞춰 보세요. 실습 과정의 모든 내용을 이해하지 못해도 괜찮습니다. 기계가 도대체 어떻게 학습하는지, 그 흐름만 이해해도 충분해요!

실습을 위해 내 구글 드라이브의 폴더에 새로운 코랩 노트북을 생성하고 노트북의 이름을 5.2_ml_ex01.ipynb로 변경하세요. 하나의 노트북 안에서 머신러닝의 흐름에 따라 실습해 봅시다.

STEP 1 **기계가 학습할 데이터 준비하기**

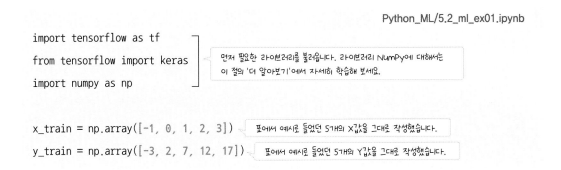

Python_ML/5.2_ml_ex01.ipynb

```
import tensorflow as tf
from tensorflow import keras
import numpy as np
```
먼저 필요한 라이브러리를 불러옵니다. 라이브러리 NumPy에 대해서는 이 절의 '더 알아보기'에서 자세히 학습해 보세요.

```
x_train = np.array([-1, 0, 1, 2, 3])
```
표에서 예시로 들었던 5개의 X값을 그대로 작성했습니다.
```
y_train = np.array([-3, 2, 7, 12, 17])
```
표에서 예시로 들었던 5개의 Y값을 그대로 작성했습니다.

기계가 학습할 입력값, 출력값을 각각 변수 **x_train**, **y_train**에 대입했습니다. 기계가 잘 학습하기 위해서는 데이터를 특정 형식에 맞춰서 제공해야 하는데, 이때 NumPy라는 파이썬 라이브러리를 활용합니다. 지금은 '기계가 잘 학습하기 위한 데이터를 준비해주는 라이브러리' 정도로 이해해도 좋습니다.

STEP 2 **모델 구성하기**

모델을 구성한다는 것은 기계를 어떻게 학습시킬지 정하는 것입니다. 이해를 돕기 위해 아주 간단한 구조의 모델을 구성해볼 것입니다. 우선, 모델 구성을 위해 사용할 케라스의 **Sequential 모델**과 **Dense 레이어**를 짧게 소개하겠습니다. Sequential 모델은 레이어를 순서대로 쭉 쌓는 구조의 모델이고, Dense 레이어는 입력값과 출력값이 모두 연결된 형태의 레이어입니다.

이제 모델을 구성해 볼까요? 방금 작성한 코드에 이어서 다음 내용을 작성해 봅시다.

Python_ML/5.2_ml_ex01.ipynb

```
…생략…    앞서 작성한 코드는 편의상 생략하겠습니다.
model = keras.Sequential([keras.layers.Dense(1, input_shape=[1])])
```

단 하나의 레이어만 갖는 모델을 구성했습니다. **keras.layers.Dense(1, input_shape=[1])** 코드를 살펴볼까요? 모델을 구성하는 각 레이어는 그 레이어에 전달되는 입력값과 다음 레이어에 전달하는 출력값이 중요합니다. 여기서 **1**은 다음 레이어에 전달하는 출력값(Y)의 개수를, **input_shape=[1]**은 현재 레이어에 전달되는 입력값(X)의 형태를 의미합니다.

기계가 위 모델을 사용하여 학습하기 전에, 학습 방식에 대한 몇 가지 설정을 해주어야 합니다. 이를 '모델을 컴파일한다'라고 표현하며 함수 **compile()**을 사용합니다.

Python_ML/5.2_ml_ex01.ipynb

```
…생략…
model.compile(optimizer='sgd', loss='mean_squared_error')
```

함수 **compile()**에는 **손실 함수(loss)**와 **최적화 함수(optimizer)**가 필요한데, 이 2가지 함수는 머신러닝에서 중요한 역할을 합니다. 기계는 주어진 X, Y 데이터로 학습하며 관계를 추측하는 과정을 반복합니다. 그 과정에서 손실 함수를 통해 현재의 추측이 좋은 추측인지 아닌지를 파악하고, 이를 값*으로 나타냅니다. 또한 더 좋은 추측을 위해 손실 함수의 값을 최저로 만드는 최적화 과정을 거치는데, 이때 최적화 함수가 사용됩니다. 이 최적화 과정을 통해 기계는 더 좋은 추측을 할 수 있게 됩니다.

··· 손실 함수의 값이 적을수록 좋은 추측입니다.

케라스는 다양한 손실 함수, 최적화 함수를 제공하는데, 주어진 문제에 따라 사용할 수 있는 함수는 다릅니다. 문제 해결에 적합한 함수를 사용함으로써 기계는 더 좋은 추측을 할 수 있게 됩니다. 손실 함수와 최적화 함수를 좀 더 알아보고 싶다면 다음의 링크를 참조해 보세요.

[모든 손실 함수 알아보기] https://keras.io/ko/losses/
[모든 최적화 함수 알아보기] https://keras.io/ko/optimizers/

학습하기

Python_ML/5.2_ml_ex01.ipynb

…생략…

```
model.fit(x_train, y_train, epochs=500)
```

이제 구성된 모델로 데이터를 학습할 차례입니다. 이때 함수 **fit()**을 사용하는데, 여기서 **매개변수 epochs**는 학습하는 횟수를 의미합니다. 주어진 데이터로 관계를 추측하고, 추측이 맞는지 계산하고 개선하는 과정을 epochs 값만큼 반복하는 것이죠. 현재 예제는 많은 양의 데이터가 아니므로 500번 정도 학습시켜 봅시다.

STEP 4 훈련된 모델을 통해 예측하기

Python_ML/5.2_ml_ex01.ipynb

…생략…

```
model.predict([10])
```

학습이 끝나면 훈련된 모델이 나오게 되고, 훈련된 모델을 통해 처음 보는 X값에 대한 Y값을 예측할 수 있습니다. 이때 함수 **predict()**을 사용합니다. 위 코드에서는 10이라는 X값을 전달하고 있네요. 이 코드를 실행해 어떤 결과가 나오는지 살펴봅시다. 과연 기계는 데이터를 학습하여 두 숫자 사이의 관계를 잘 파악할까요?

실행 결과

```
[[51.997005]]
```

기계는 정답인 52와 가까운 51.998, 52.0018과 같은 숫자로 예측할 것입니다. 현재 모델은 10개 미만인 적은 양의 데이터로 훈련되었습니다. 주어진 데이터로 Y = 5X + 2라는 관계를 예측할 수 있지만 새로운 데이터는 그 관계가 아닐 수도 있습니다. 훈련된 모델은 이 확률을 무시하지 않고 정답에 매우 가깝지만 정확히 정답은 아닌 숫자로 예측하게 됩니다.

아래 전체 코드를 다시 한번 보면서 머신러닝의 흐름을 되짚어 봅시다.

Python_ML/5.2_ml_ex01.ipynb

```python
# 필요한 라이브러리 불러오기
import tensorflow as tf
from tensorflow import keras
import numpy as np


# 1) 기계가 학습할 데이터 준비하기
x_train = np.array([-1, 0, 1, 2, 3])
y_train = np.array([-3, 2, 7, 12, 17])


# 2) 모델 구성하기
model = keras.Sequential([keras.layers.Dense(1, input_shape=[1])])
model.compile(optimizer='sgd', loss='mean_squared_error')


# 3) 학습하기
model.fit(x_train, y_train, epochs=500)


# 4) 훈련된 모델을 통해 예측하기
model.predict([10])
```

이 절에서 우리는

우리는 본격적인 인공지능 개발에 앞서 필요한 도구들을 살펴보았습니다. 구글의 하드웨어 성능을 제공받아 개발할 수 있는 구글 코랩을 알아보고 사용해 보았습니다. 또한 머신러닝 라이브러리인 텐서플로우와 케라스를 알아보고, 각 라이브러리의 역할을 이해했습니다. 그리고 주어진 X, Y 데이터를 학습하여 그 관계를 스스로 파악하는 인공지능을 구현해 보면서, 기계가 어떻게 학습하는지 그 흐름을 이해했습니다. 이 과정에서 라이브러리의 기본 사용법을 익혔습니다.

이제 여러분은 기계가 어떻게 학습하는지 이해하였고, 파이썬으로 인공지능을 구현할 수 있게 되었습니다. 다음 절에서는 기계에게 더 많은 양의 이미지 데이터를 학습시켜 보면서 더 흥미로운 인공지능을 구현해 봅시다!

◀ NumPy 라이브러리(https://numpy.org/)

머신러닝을 위한 기본 라이브러리라고 불리는 것들이 몇 가지 있습니다. 파이썬에는 NumPy, Pandas*, Matplotlib* 등이 대표적인데요. 우리는 그중 NumPy를 실습에 사용했습니다. NumPy(넘파이)는 대규모 다차원 배열을 쉽게 처리할 수 있도록 돕는 라이브러리입니다. NumPy에 대해 알아보기 전에 먼저 **대규모 다차원 배열**이 무엇인지 이해해 봅시다.

💬 Pandas는 데이터를 분석하고 조작하는 라이브러리입니다.

💬 Matplotlib은 데이터를 시각화하는 라이브러리입니다. 이 책의 5.3절에서 사용합니다.

컴퓨터는 이 세상 모든 데이터를 숫자로 이해하죠. 진짜 숫자 데이터뿐만 아니라 문자도, 이미지도, 소리도 모두 숫자로 이해합니다. 대부분의 데이터는 단 하나의 숫자만으로 구성되지 않고, 여러 숫자가 나열된 배열(array)로 구성됩니다. 배열은 앞 실습에서 사용된 학습 데이터(X, Y)처럼 하나의 줄로 구성된 1차원 배열이 기본입니다. 하지만 대부분의 데이터는 여러 개의 1차원 배열이 모인 다차원 배열로 표현됩니다. 실제로 흑백 이미지는 2차원 배열로, 컬러 이미지는 3차원 배열로 표현됩니다.

기계에게 학습시킬 데이터를 배열로 구성하고 기계가 잘 학습할 수 있도록 가공하는 것이 머신러닝의 시작이라고 할 수 있습니다. NumPy를 사용하면 데이터를 배열 단위로 관리할 수 있습니다. 물론 리스트와 같은 파이썬의 시퀀스 자료형을 사용할 수도 있지만, NumPy의 배열을 사용하면 그것보다 훨씬 더 빠르고 효율적으로 연산할 수 있습니다.

리스트와 NumPy의 배열이 어떤 차이가 있는지 간단한 실습으로 이해해 봅시다.

Python_ML/5.2_ml_extra.ipynb

```python
a = [1, 2, 3, 4]
print('리스트 연산 결과:', a * 5)


import numpy as np
b = np.array(a)    리스트 a를 NumPy의 배열로 만듭니다.
print('배열 연산 결과:', b * 5)
```

실행 결과

```
리스트 연산 결과: [1, 2, 3, 4, 1, 2, 3, 4, 1, 2, 3, 4]
배열 연산 결과: [5, 10, 15, 20]
```

같은 곱셈 연산이어도 리스트는 리스트 자체의 반복으로 처리하고, 배열은 각 요소에 대한 곱셈으로 처리합니다. 리스트는 배열과 같은 연산 결과를 내기 위해서는 또 다른 반복문을 사용하여 구현해야 할 것입니다. 이처럼 배열 단위의 연산을 지원하는 NumPy 라이브러리를 사용하면 대규모 데이터의 경우도 훨씬 간결하게 처리할 수 있습니다. 다음 절에서 이미지 처리를 다룰 때 어떻게 활용되는지 직접 확인해 보세요!

5.3

컴퓨터 비전 (1)

사람의 손글씨를 알아맞히는 인공지능

학습 포인트 ✏️

- ☐ 컴퓨터 비전 기술을 이해하고, 나의 일상 속에서 그 예시를 찾을 수 있어요.
- ☐ 기계가 이미지를 어떤 형태로 보고 학습하는지 이해할 수 있어요.
- ☐ MNIST 데이터셋의 구조를 이해하고, 이를 활용한 인공지능을 구현할 수 있어요.

학습 안내 💬

'Vision'이라는 단어는 눈, 시각과 같은 뜻을 가지고 있습니다. 그렇다면 컴퓨터 비전(Computer Vision)은 어떤 기술일까요? 인공지능 분야 중 하나인 컴퓨터 비전은 단어 뜻 그대로 기계에게 사람의 시각과 같은 능력을 부여하는 기술입니다. 기계는 물건이나 상황에 대한 이미지와 영상을 보고 어떤 물건인지 식별하고, 어떤 상황인지 구체적으로 파악합니다. 인공지능과 딥러닝의 발전은 컴퓨터 비전 분야에도 큰 발전을 가져왔고, 그 활용 영역은 우리 일상생활 안으로 넘어들면서 점차 확장되고 있습니다.

▲ 컴퓨터 비전 예시 – Face ID, 자율주행 자동차
(Face ID 출처: https://support.apple.com/en-us/HT208109)
(자율주행 자동차 출처: https://electrek.co/guides/tesla-vision/)

우리도 이러한 컴퓨터 비전 기술을 활용하여, 기계에게 이미지를 보고 식별하는 방법을 가르쳐볼 것입니다. 어렵지 않습니다! 5.2 나의 첫 번째 인공지능에서 익힌 머신러닝 방식을 컴퓨터 비전에 동일하게 적용해볼 것이고, 길지 않은 코드로 인공지능을 쉽게 구현할 수 있습니다. 그 첫 번째로, 이번 절에서는 손으로 적은 숫자 이미지를 보고 어떤 숫자인지 예측하는 인공지능을 만들어 봅니다.

1 MNIST 데이터셋: 기계가 학습하게 될 숫자 손글씨

우리는 많은 사람들의 숫자 손글씨를 보았기 때문에, 새로운 손글씨를 보아도 어떤 숫자를 의미하는지 자연스럽게 이해합니다. 또한 많은 종류의 신발을 보았고 운동화도, 구두도, 슬리퍼도 모두 '신발'의 종류인 것을 알고 있습니다. 일상 속에서 많은 데이터를 보면서 우리도 모르게 학습되었기 때문에 가능한 일입니다. 기계도 우리처럼 많은 양의 데이터를 보고 학습해야 합니다. 그런데 많은 양의 숫자 손글씨와 다양한 종류의 의류 이미지를 어디서 구할 수 있을까요? 본격적으로 숫자 손글씨 인공지능을 구현하기 전에, 기계가 학습할 데이터는 무엇인지 자세히 알아봅시다.

1980년대 후반, 미국 국립표준기술연구소(NIST, National Institute of Standards and Technology)에서는 손글씨 우편번호를 기계로 빠르고 정확하게 분류할 수 있는 방법을 고민합니다. 그 결과, 우편봉투로부터 숫자를 직접 뽑아내어 손글씨 숫자 **데이터셋*** NIST를 만들게 됩니다. 우리가 살펴볼 데이터셋은 이 NIST 데이터셋을 일부 보정하여 만든 **MNIST 데이터셋**입니다.

> 💬 데이터셋(Dataset)은 어떤 작업을 하기 위해 모아둔 관련성 있는 데이터를 의미합니다.

MNIST 데이터셋은 0부터 9까지의 숫자 손글씨로 구성되며, 데이터 개수는 총 70,000개*입니다. 다음의 [링크 1]에 접속해 보면 70,000개의 이미지를 다운로드하지 않고 직접 확인할 수 있습니다. 함께 살펴볼까요? (참고로 [링크 2]는 70,000개의 이미지를 직접 다운로드할 수 있는 사이트입니다.)

[링크 1] https://knowyourdata-tfds.withgoogle.com/#tab=STATS&dataset=mnist

[링크 2] http://yann.lecun.com/exdb/mnist/

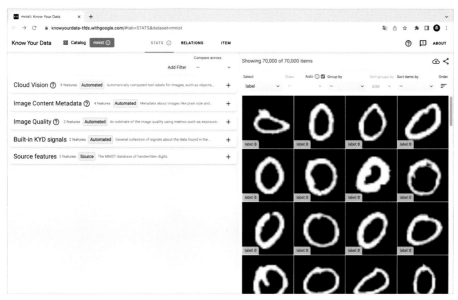

▲ [링크 1] 화면

다양한 모양의 숫자 손글씨 이미지를 확인할 수 있네요. 모든 이미지는 가로 28 픽셀, 세로 28 픽셀 크기의 그레이스케일(grayscale) 이미지*이며, 이미지의 가운데에 숫자가 위치하고 있습니다. 또한 각 이미지가 의미하는 숫자, 즉 레이블마다 몇 개의 이미지가 준비되어 있는지도 확인할 수 있습니다.

> ••• 흰색과 검정색의 조합으로 원본 이미지가 나타내는 빛의 양을 표현한 이미지입니다.

오른쪽 화면에서 Group by 항목의 박스를 클릭해보면 'split'이 있습니다. [split]을 클릭해 내용을 조금 더 살펴봅시다. [split]을 클릭했더니 test와 train이라는 이미지가 나오네요! 그리고 test에는 10,000개의 이미지가, train에는 60,000개의 이미지가 있다는 것을 확인할 수 있습니다. test와 train 그리고 split은 각각 무엇을 의미할까요?

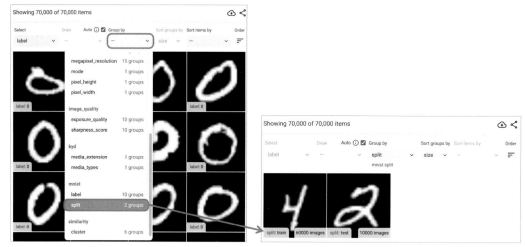

▲ split을 기준으로 이미지 확인하기

기계가 이미 학습한 데이터로 기계의 능력을 테스트한다면, 능력을 정확히 평가할 수 없겠죠? 기계를 잘 학습시키고, 또 기계의 능력을 잘 평가하기 위해서는 전체 데이터셋을 학습용(Training Set)과 테스트용(Test set)으로 잘 분리(Split)해야 합니다. 그래서 MNIST 데이터셋은 60,000개의 학습 데이터와 10,000개의 테스트 데이터로 분리되어 구성되어 있습니다.

자, 이렇게 MNIST 데이터셋이 어떻게 구성되어 있는지 확인해 보았습니다. 우리는 **5.2 나의 첫 번째 인공지능**에서 머신러닝 흐름을 이해하고 실습했습니다. 이번에도 아래 4단계에 따라, 사람이 직접 손으로 적은 숫자 이미지를 보고 어떤 숫자인지 예측하는 인공지능을 만들어 봅시다.

1) 기계가 학습할 데이터 준비하기
2) 모델 구성하기
3) 학습하기
4) 훈련된 모델을 통해 예측하기

MNIST 데이터셋은 텐서플로우에 내장*되어 있기 때문에, 우리는 1~2줄의 코드로 데이터셋을 쉽게 불러올 수 있습니다. 구글 드라이브에 새로운 코랩 노트북을 만들고 MNIST 데이터셋을 불러와 봅시다.

💬💬💬 텐서플로우에 내장된 모든 데이터셋은 다음의 링크에서 확인할 수 있습니다.

[링크]   https://www.tensorflow.org/datasets/catalog/overview

Python_ML/5.3_ml_ex02.ipynb

```python
import tensorflow as tf
from tensorflow import keras
```
먼저 필요한 라이브러리를 불러옵니다.

```python
(train_images, train_labels), (test_images, test_labels) = keras.datasets.mnist.load_data()
```

MNIST 데이터셋은 **keras.datasets.mnist.load_data()**로 불러올 수 있습니다. **함수 load_data()**는 아래 그림의 형태로 데이터를 반환합니다.

학습용 데이터셋   테스트용 데이터셋

(튜플 A , 튜플 B)

(이미지 , 레이블) (이미지 , 레이블)

▲ 함수 load_data()의 반환값 구조

전체 반환값은 튜플 형태이며, 위 그림처럼 2개의 튜플 A와 튜플 B로 구성되어 있습니다. 튜플 A는 학습용 데이터셋, 튜플 B는 테스트용 데이터셋이며, 각 데이터셋은 숫자 손글씨 이미지와 레이블로 구성되어 있습니다. 따라서 코드에서 변수 **train_images**와 **train_labels**는 튜플 A의 이미지와 레이블을, 변수 **test_images**와 **test_labels**는 튜플 B의 이미지와 레이블을 담고 있습니다.

그런데 정말 위 코드만으로 60,000개의 학습용 데이터셋과 10,000개의 테스트용 데이터셋이 잘 불러와졌을까요? 먼저 각 변수의 길이를 확인해 봅시다.

Python_ML/5.3_ml_ex02.ipynb

```python
…생략…
print(len(train_images), len(train_labels))
print(len(test_images), len(test_labels))
```

```
60000 60000
10000 10000
```

총 70,000개의 데이터셋이 학습용과 테스트용으로 잘 분리(split)되어 불러와졌네요. 이이서 각 데이터의 형태도 확인해 볼까요?

Python_ML/5.3_ml_ex02.ipynb

```
…생략…
print(type(train_images), type(train_labels))
print(type(test_images), type(test_labels))
```

```
<class 'numpy.ndarray'> <class 'numpy.ndarray'>
<class 'numpy.ndarray'> <class 'numpy.ndarray'>
```

5.2절에서 기계가 학습할 숫자들을 NumPy의 배열 형태로 제공했습니다. 기계에게 이미지를 학습시킬 때도 마찬가지입니다. 모든 데이터셋은 기계가 잘 학습할 수 있도록 숫자로 구성된 NumPy 배열로 제공됩니다. 그런데 어떻게 이미지를 숫자 배열로 만들 수 있을까요? 전체 60,000개의 학습용 데이터셋 중 이미지 데이터 하나를 출력해서, 그 배열의 모습을 확인해 봅시다.

Python_ML/5.3_ml_ex02.ipynb

```
import tensorflow as tf
from tensorflow import keras

(train_images, train_labels), (test_images, test_labels) = keras.datasets.mnist.load_
data()

'''
print(len(train_images), len(train_labels))
print(len(test_images), len(test_labels))
print(type(train_images), type(train_labels))
print(type(test_images), type(test_labels))
'''

print(train_images[0])
```

> 앞에서 작성한 출력문은 주석으로 처리해 둡니다.

> 인덱스 0번의 이미지 데이터를 확인합니다.
> 총 60,000개의 훈련용 데이터가 있으니, 0 이상 59999 이하의 인덱스 값을 넣으면 되겠죠?
> 여러분이 확인하고 싶은 이미지의 인덱스를 입력해 보세요.

앞에서 각 이미지 크기는 가로 28 픽셀, 세로 28 픽셀이라고 설명했습니다. 각 이미지는 가로세로 픽셀 값을 담은 2차원 배열로 구성됩니다. 실행 결과를 보기 좋은 표 형태로 표현하면 아래와 같습니다. 어떤 숫자인 것 같나요?

0	0	0	0	0	0	0	0	0	0	0	0	0	0	0	0	0	0	0	0	0	0	0	0	0	0	0	0
0	0	0	0	0	0	0	0	0	0	0	0	0	0	0	0	0	0	0	0	0	0	0	0	0	0	0	0
0	0	0	0	0	0	0	0	0	0	0	0	0	0	0	0	0	0	0	0	0	0	0	0	0	0	0	0
0	0	0	0	0	0	0	0	0	0	0	0	0	0	0	0	0	0	0	0	0	0	0	0	0	0	0	0
0	0	0	0	0	0	0	0	0	0	0	0	0	0	0	0	0	0	0	0	0	0	0	0	0	0	0	0
0	0	0	0	0	0	0	0	0	0	0	0	0	0	3	18	18	18	126	136	175	26	166	255	247	127	0	0
0	0	0	0	0	0	0	0	30	36	94	154	170	253	253	253	253	253	225	172	253	242	195	64	0	0	0	0
0	0	0	0	0	0	0	49	238	253	253	253	253	253	253	253	251	93	82	82	56	39	0	0	0	0	0	0
0	0	0	0	0	0	0	18	219	253	253	253	253	253	198	182	247	241	0	0	0	0	0	0	0	0	0	0
0	0	0	0	0	0	0	0	80	156	107	253	253	205	11	0	42	154	0	0	0	0	0	0	0	0	0	0
0	0	0	0	0	0	0	0	0	14	1	154	253	90	0	0	0	0	0	0	0	0	0	0	0	0	0	0
0	0	0	0	0	0	0	0	0	0	0	139	253	190	2	0	0	0	0	0	0	0	0	0	0	0	0	0
0	0	0	0	0	0	0	0	0	0	0	11	190	253	70	0	0	0	0	0	0	0	0	0	0	0	0	0
0	0	0	0	0	0	0	0	0	0	0	0	35	241	225	160	108	1	0	0	0	0	0	0	0	0	0	0
0	0	0	0	0	0	0	0	0	0	0	0	0	81	240	253	253	119	25	0	0	0	0	0	0	0	0	0
0	0	0	0	0	0	0	0	0	0	0	0	0	0	45	186	253	253	150	27	0	0	0	0	0	0	0	0
0	0	0	0	0	0	0	0	0	0	0	0	0	0	0	16	93	252	253	187	0	0	0	0	0	0	0	0
0	0	0	0	0	0	0	0	0	0	0	0	0	0	0	0	0	249	253	249	64	0	0	0	0	0	0	0
0	0	0	0	0	0	0	0	0	0	0	0	0	46	130	183	253	253	207	2	0	0	0	0	0	0	0	0
0	0	0	0	0	0	0	0	0	0	39	148	229	253	253	253	250	182	0	0	0	0	0	0	0	0	0	0
0	0	0	0	0	0	0	0	0	24	114	221	253	253	253	253	201	78	0	0	0	0	0	0	0	0	0	0
0	0	0	0	0	0	0	23	66	213	253	253	253	253	198	81	2	0	0	0	0	0	0	0	0	0	0	0
0	0	0	0	0	18	171	219	253	253	253	253	195	80	9	0	0	0	0	0	0	0	0	0	0	0	0	0
0	0	0	0	55	172	226	253	253	253	253	244	133	11	0	0	0	0	0	0	0	0	0	0	0	0	0	0
0	0	0	0	136	253	253	253	212	135	132	16	0	0	0	0	0	0	0	0	0	0	0	0	0	0	0	0
0	0	0	0	0	0	0	0	0	0	0	0	0	0	0	0	0	0	0	0	0	0	0	0	0	0	0	0
0	0	0	0	0	0	0	0	0	0	0	0	0	0	0	0	0	0	0	0	0	0	0	0	0	0	0	0
0	0	0	0	0	0	0	0	0	0	0	0	0	0	0	0	0	0	0	0	0	0	0	0	0	0	0	0

▲ 배열 모습 확인

표에서 0이 아닌 픽셀값을 노란색으로 색칠해보니 숫자 5인 것 같네요. 여기서 각 픽셀값은 0 이상 255 이하의 범위 안에서 밝음과 어두움을 나타내는 명암값을 의미합니다. 즉 글씨를 나타내는 선 부분이 진할수록 255에 가깝고, 선이 아예 지나가지 않는 부분의 픽셀값은 0입니다.

실제 0번째 훈련용 이미지는 오른쪽 그림과 같습니다. 우리는 이미지를 파악할 때 이미지 자체를 그대로 보지만, 기계는 위 2차원 배열과 같은 여러 숫자를 통해 이미지를 봅니다.

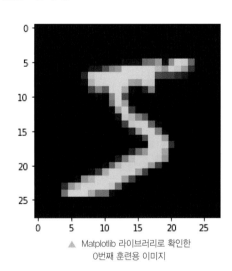

▲ Matplotlib 라이브러리로 확인한
0번째 훈련용 이미지

이외에도 기계가 학습할 데이터를 준비하려면 한 가지 과정이 더 필요합니다. 방금 확인한 것처럼 이미지 데이터는 각 픽셀값을 0 이상 255 이하의 값으로 표현하는데, 우리는 이 범위를 숫자 간의 차이가 더 적은 범위로 변환할 필요가 있습니다. 이러한 과정을 **데이터 정규화**(Data Normalization)라고 하며, 이는 기계가 더 빠르고 정확하게 학습하기 위해 필요한 과정입니다. 기계가 이미지를 학습하는데 각 픽셀값의 차이가 너무 크다면, 비교적 크기가 작은 픽셀값은 아예 무시하는 등 데이터의 중요도를 잘못 해석할 수도 있습니다. 모든 이미지의 픽셀값을 담고 있는 변수 **train_images**와 **test_images**를 255로 나누어, 0 이상 1 이하의 값으로 정규화해 봅시다.

Python_ML/5.3_ml_ex02.ipynb

```python
import tensorflow as tf
from tensorflow import keras

(train_images, train_labels), (test_images, test_labels) = keras.datasets.mnist.load_data()

'''
print(len(train_images), len(train_labels))
print(len(test_images), len(test_labels))
print(type(train_images), type(train_labels))
print(type(test_images), type(test_labels))print(train_images[0])
'''

train_images = train_images / 255.0
test_images = test_images / 255.0
```

2 숫자 손글씨 학습하고 예측하기

이제 준비된 숫자 손글씨 데이터를 기계에게 학습시켜 봅시다. 지금부터 우리가 작성할 코드는 **5.2**절에서 작성한 코드와 크게 다르지 않습니다. 그리고 우리가 다루지 않은 다른 머신러닝의 코드도 그 흐름에는 큰 차이가 없습니다. 따라서 모든 머신러닝의 코드를 자세히 이해하는 것보다 전체적인 흐름을 이해하는 것이 더 중요하며, 이 흐름을 잘 이해하고 기억하고 있다면 생각보다 쉽게 다양한 머신러닝을 구현할 수 있을 것입니다.

STEP 1의 코드에 이어서 모델을 구성하여 기계가 어떻게 학습할지 정해봅시다. 모델 구성을 위해 케라스의 **Sequential 모델**과 1개의 **Flatten 레이어**, 2개의 **Dense 레이어**를 사용하며, 한 층(layer)이 아닌 여러 층을 쌓아 모델을 구성합니다.

Python_ML/5.3_ml_ex02.ipynb

```
import tensorflow as tf
from tensorflow import keras
```

> 같은 코랩 노트북에 이어서 작성합니다. 중간에 표시된 선은 코랩의 새로운 코드 셀을 의미합니다.

```
(train_images, train_labels), (test_images, test_labels) = keras.datasets.mnist.load_data()


train_images = train_images / 255.0
test_images = test_images / 255.0
```

```
model = keras.models.Sequential([keras.layers.Flatten(input_shape=(28, 28)), #[1]
                                 keras.layers.Dense(512, activation=tf.nn.relu), #[2]
                                 keras.layers.Dense(10, activation=tf.nn.softmax)]) #[3]
```

모델을 구성하는 각 레이어를 살펴보기 전에 전체 모델의 입력값과 출력값을 확인해 봅시다. 우리는 손글씨 이미지를 보고 0~9 중 하나의 값으로 매칭할 수 있는 인공지능을 구현하고자 합니다. 이때 입력값은 28*28 사이즈의 이미지이고, 출력값은 10개(0~9)의 값 중 하나입니다. 따라서 첫 번째 레이어(Flatten)에 **(28, 28)**이라는 입력값의 형태(input_shape)를, 마지막 레이어(Dense)에 **10**이라는 출력값이 될 수 있는 값의 개수(units)가 전달됩니다.

이제 모델을 구성하는 각 레이어의 역할을 조금 더 자세히 살펴봅시다.

① 첫 번째 레이어(Flatten): `keras.layers.Flatten(input_shape=(28, 28))`

이 절에서 처음 사용하는 Flatten 레이어는 단순히 입력 데이터를 변환하는 역할을 합니다. 우리는 앞에서 각 손글씨 이미지가 2차원 배열로 구성된 것을 확인했습니다. Flatten 레이어는 이 2차원 배열을 1차원 배열로 변환하여 이미지의 픽셀값을 일렬로 쭉 늘어놓는 역할을 합니다. 이는 다음 레이어인 Dense 레이어에 데이터를 잘 전달하기 위함입니다.

② 두 번째 레이어(Dense): `keras.layers.Dense(512, activation=tf.nn.relu)`

Dense 레이어는 입력값과 출력값이 모두 연결된 형태의 레이어입니다. 함수 괄호 안의 숫자 **512**는 레이어를 구성하는 노드의 개수로, 각 노드는 Flatten 레이어가 전달하는 이미지의 모든 픽셀값을 받아 알맞은 값을 예측할 수 있도록 처리합니다. 이 처리 과정에서 도움을 주는 것이 **활성화 함수(activation function)**이며, 활성화 함수를 사용하면 이전 레이어에서 입력받은 픽셀값을 다음 레이어로 그대로 전달하지 않고, 함수의 계산을 통해 적절한 값을 전달할 수 있습니다. **`activation=tf.nn.relu`**는 여러 활성화 함수* 중에 ReLu라는 함수를 사용하겠다는 의미입니다. 활성화 함수 ReLu는 입력값이 0보다 큰 경우에만 그 값을 반환하고 0 이하이면 값을 거르는 역할을 합니다.

> **····** 다음 링크에서 텐서플로우가 제공하는 모든 활성화 함수를 확인할 수 있습니다. 해결할 문제의 종류에 따라 적절한 함수를 선택하는 것이 중요합니다.

> **[링크]** https://www.tensorflow.org/api_docs/python/tf/keras/activations

③ 세 번째 레이어(Dense): `keras.layers.Dense(10, activation=tf.nn.softmax)`

마지막 Dense 레이어는 출력값을 결정하는 역할을 합니다. 0부터 9 중 하나의 값을 출력해야 하기 때문에 10개의 노드를 가지며, 각 노드는 그 값(0~9)에 해당할 확률을 담고 있습니다. 출력값을 결정하는 데 **Softmax(`tf.nn.softmax`)**라는 활성화 함수가 도움을 줍니다. 이 함수는 가장 큰 확률을 갖는 노드값을 1로, 나머지 9개의 노드값은 0으로 변환시킵니다. 따라서 값이 1인 노드가 곧 숫자 손글씨 이미지에 대한 예측 결과가 됩니다.

모델을 구성하는 각 레이어의 역할을 살펴보았습니다. 이어서 모델의 손실 함수는 **`'sparse_categorical_crossentropy'`*** 로, 최적화 함수는 **`'adam'`**으로 설정하여, 구성된 모델을 컴파일해 봅시다.

> **····** 이 손실 함수는 각 입력값이 하나의 출력값과 매칭될 때 사용하는 다중 분류 손실 함수입니다.

Python_ML/5.3_ml_ex02.ipynb

```
...생략...
model = keras.models.Sequential([keras.layers.Flatten(input_shape=(28, 28)),
                                 keras.layers.Dense(512, activation=tf.nn.relu),
                                 keras.layers.Dense(10, activation=tf.nn.softmax)])


model.compile(optimizer='adam', loss='sparse_categorical_crossentropy')
```

자, 이제 모델은 모두 준비되었습니다! 이제 이 모델을 통해 기계에게 준비된 데이터를 학습시켜 봅시다. **5.2**절에서 학습한 데이터보다 그 양이 많기 때문에, 5번 정도만 학습시켜 봅시다.

Python_ML/5.3_ml_ex02.ipynb

```
...생략...
model.compile(optimizer='adam', loss='sparse_categorical_crossentropy')
```
```
model.fit(train_images, train_labels, epochs=5)
```

이 과정을 통해 기계는 우리가 입력한 학습 방식으로 60,000개의 훈련용 데이터셋을 학습했고 그 결과 훈련된 모델이 나왔습니다. 이후 모델의 성능을 평가할 수 있는데 이때 10,000개의 테스트용 데이터셋과 함수 **evaluate()**가 사용됩니다.

Python_ML/5.3_ml_ex02.ipynb

```
...생략...
model.fit(train_images, train_labels, epochs=5)
```
```
model.evaluate(test_images, test_labels)
```

실행 결과, 최종적으로 훈련된 모델의 손실값이 출력됩니다. 이 손실값은 모델이 예측하는 값과 실제값의 차이를 나타내며, 손실 함수를 설명하면서 이야기했듯이 이 손실값이 작을수록 정확도가 높은 모델입니다. 따라서 이 손실값을 줄이기 위해 머신러닝 과정에서 사용한 여러 함수의 매개변수를 필요에 맞게 수정하는 등의 과정을 거칩니다.

이렇게 모델의 학습까지 마쳤습니다. 다음 **STEP 4**로 넘어가서 훈련된 모델이 잘 예측을 하는지 확인해 봅시다!

마지막으로, 훈련된 모델이 테스트용 이미지를 보고 잘 예측하는지 이미지와 함께 확인해 봅시다.

Python_ML/5.3_ml_ex02.ipynb

```
...생략...
model.evaluate(test_images, test_labels)
```

```
classification = model.predict(test_images)
print(classification[100])
```
> 인덱스 100번 이미지에 대한 예측 결과를 확인합니다. 10,000개의 테스트용 데이터에 대한 예측 결과가 있으니, 0 이상 9999 이하의 인덱스 값을 넣으면 되겠죠?

```
import matplotlib.pyplot as plt
```
> Matplotlib은 다양한 데이터를 시각화하는 라이브러리입니다. 이 절의 '알고 넘어가기'를 통해 자세히 확인해 보세요.

```
plt.imshow(test_images[100])
```
> 위에서 출력한 예측 결과와 동일한 인덱스의 이미지를 이미지 형태로 확인합니다.

실행 결과

```
[1.5730311e-06 4.1463103e-08 1.1340014e-07 2.3611122e-09 6.6285378e-07
 6.4767696e-06 9.9998736e-01 4.7444921e-08 3.6971717e-06 1.1810398e-09]
```

> 이 숫자들은 지수 표기법으로 표현된 실수(float) 값입니다. 지수 표기법은 너무 크거나 작은 값을 10진수로 표현하는 방법입니다.

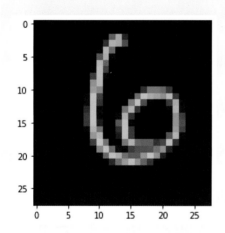

함수 **predict()**를 사용하여 10,000개의 테스트용 데이터를 예측합니다. 특정 이미지에 대한 예측 결과를 출력하면, 이미지가 0부터 9까지 해당될 확률이 나옵니다. 인덱스 값을 바꿔 보면서 여러 숫자 손글씨에 대한 예측 결과를 출력해 보세요. 기계가 잘 학습하여 꽤나 정확히 예측하는 것을 확인할 수 있습니다.

아래 전체 코드를 다시 한번 보면서 머신러닝의 흐름을 되짚어 봅시다.

Python_ML/5.3_ml_ex02.ipynb

```python
import tensorflow as tf
from tensorflow import keras


# 1) 기계가 학습할 데이터 준비하기
(train_images, train_labels), (test_images, test_labels) = keras.datasets.mnist.load_
data()


# 데이터 정규화
train_images = train_images / 255.0
test_images = test_images / 255.0
```

```python
# 2) 모델 구성하기
model = keras.models.Sequential([keras.layers.Flatten(input_shape=(28, 28)),
                                 keras.layers.Dense(512, activation=tf.nn.relu),
                                 keras.layers.Dense(10, activation=tf.nn.softmax)])


model.compile(optimizer='adam', loss='sparse_categorical_crossentropy')
```

```python
# 3) 학습하기
model.fit(train_images, train_labels, epochs=5)
```

```python
# 훈련된 모델 평가하기
model.evaluate(test_images, test_labels)
```

```python
# 4) 훈련된 모델을 통해 예측하기
classification = model.predict(test_images)
print(classification[100])
```

Matplotlib 라이브러리

Matplotlib 라이브러리는 데이터를 다양한 방법으로 시각화하는 파이썬 라이브러리로, 간단한 데이터를 출력하고 분석하는 것부터 인공지능 모델을 시각화하는 것까지 활용도가 높습니다. 특히 pyplot 모듈을 통해 여러 형태의 그래프를 쉽게 만들 수 있습니다.

앞에서 함수 `imshow()`로 숫자 손글씨 이미지를 간단히 출력해 보았으니, 그래프를 그리는 방법도 한번 체험해 볼까요? **5.2절**에서 사용한 X, Y 숫자 배열을 데이터로 사용해 봅시다.

Python_ML/5.3_matplotlib.ipynb

```python
import numpy as np
import matplotlib.pyplot as plt
```
> 이 라이브러리도 구글 코랩에서 바로 import 하여 사용할 수 있습니다.

```python
x_train = np.array([-1, 0, 1, 2, 3])
y_train = np.array([-3, 2, 7, 12, 17])


plt.plot(x_train, y_train)
plt.show()
```

실행 결과

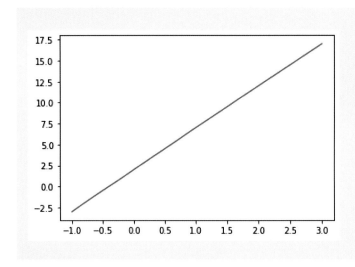

이처럼 함수 `plot()`을 통해 선과 점을 활용한 그래프를 쉽게 그릴 수 있습니다. Matplotlib 라이브러리에 대해 좀 더 자세히 알고 싶다면 다음 링크를 참고하세요.

[Matplotlib 라이브러리 알아보기] https://matplotlib.org/

이 절에서 우리는

인공지능의 분야 중 하나인 컴퓨터 비전에 대해 알아보고, 직접 구현해 보았습니다. 먼저 기계가 학습할 숫자 손글씨 이미지들이 담긴 MNIST 데이터셋을 살펴보았습니다. 몇 가지 이미지 데이터를 출력해 보면서 각 이미지가 2차원 배열 형태로 구성된 것을 확인하였고, 기계가 이미지를 숫자로 받아들인다는 것을 이해했습니다. 5.2절에서 배운 머신러닝의 흐름을 그대로 적용하여, 테스트용 손글씨 이미지를 보고 정확히 예측하는 인공지능을 구현해 보았습니다. 이어서 다음 절에서도 컴퓨터 비전 기술을 활용하여, 의류 이미지를 보고 종류를 예측하는 인공지능을 구현해 봅시다!

컴퓨터 비전 (2)

다양한 의류 종류를 알아맞히는 인공지능

학습 포인트 🖍

□ 컴퓨터 비전 기술이 활용된 패션 인공지능의 예시를 생각할 수 있어요.
□ Fashion MNIST 데이터셋의 구조를 이해하고, 이를 활용한 인공지능을 구현할 수 있어요.

학습 안내 💬

5.3 컴퓨터 비전 (1) – 사람의 손글씨를 알아맞히는 인공지능에서 우리 일상생활에서의 컴퓨터 비전 예시를 살펴보았습니다. 요즘 패션 업계에서도 이 컴퓨터 비전 기술을 활용하여 소비자에게 다양한 인공지능 서비스를 제공하고 있는데요. 혹시 여러분은 오른쪽 예시와 같은 패션 관련 인공지능을 경험해본 적이 있나요?

▲ 가상 피팅 앱 – 3DLook의 YourFit
(출처: https://3dlook.me/yourfit/)

우리도 패션과 관련된 인공지능을 간단히 만들어 봅시다! 이번 절에서는 컴퓨터 비전 기술을 활용하여 의류 이미지를 보고 어떤 종류의 옷인지 예측하는 인공지능을 만들어 봅니다. 기계가 여러 의류 이미지를 학습하는 방식은 5.3절에서 사용한 방식과 크게 다르지 않습니다. 이번 절에서도 본격적인 구현에 앞서, 기계가 학습할 데이터부터 자세히 알아봅시다.

1 Fashion MNIST: 기계가 학습하게 될 의류 이미지

이번 절에서 사용할 데이터셋은 **Fashion MNIST 데이터셋**입니다. 이 데이터셋은 어떻게 만들어졌을까요? MNIST 데이터셋과는 또 어떤 관련이 있을까요?

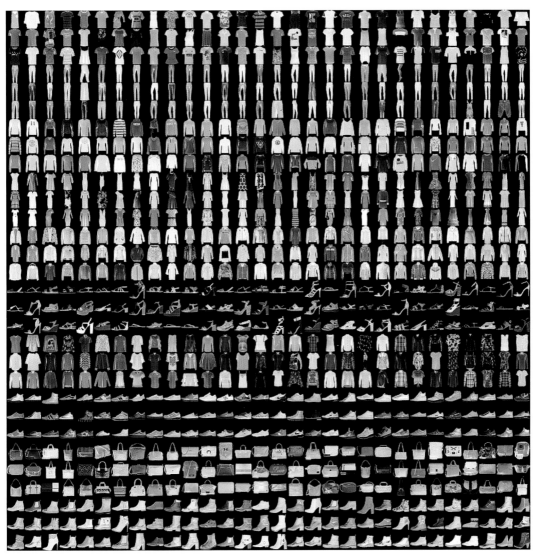

▲ Fashion MNIST 데이터셋 예시 (출처: https://github.com/zalandoresearch/fashion-mnist)

우리는 **5.3**절에서 숫자 손글씨를 담은 MNIST 데이터셋을 활용했습니다. MNIST는 인공지능, 머신러닝의 'Hello, world!'* 같은 데이터셋으로 이미지를 활용한 첫 머신러닝 실습으로 접하거나, 구현한 머신러닝을 테스트하는 용도로 사용하기도 합니다. 전 세계 많은 사람들이 이 데이터셋을 적극적으로 활용하다보니 정확도가 높은 머신러닝을 구현하는 일이 쉬워졌습니다. 따라서 MNIST 데이터셋보다 다소 복잡한 데이터셋이 필요했고, 그 결과 Fashion MNIST 데이터셋이 만들어졌습니다[*](2017).

'프로그래밍을 배우는 첫 번째 단계'라는 뜻을 가진 단어입니다.

다음 링크의 [Side-by-Side] 메뉴를 살펴보세요. 동일한 머신러닝 방식을 사용했을 때 MNIST 데이터셋에 대한 정확도가 더 높은 것을 확인할 수 있습니다.

[링크] http://fashion-mnist.s3-website.eu-central-1.amazonaws.com/

Fashion MNIST 데이터셋은 독일의 온라인 패션 플랫폼인 Zalando의 기사에 등장한 의류 이미지들로 만들어졌고 그 구성은 MNIST 데이터셋과 비슷합니다. 60,000개의 학습용 데이터셋과 10,000개의 테스트용 데이터셋으로 구성되어 있고, 각 의류 이미지는 가로 28 픽셀. 세로 28 픽셀 크기의 그레이스케일 이미지입니다.

한번 Fashion MNIST 데이터셋을 살펴볼까요? 먼저 다음의 링크로 들어가 봅시다.

[링크] https://knowyourdata-tfds.withgoogle.com/#tab=STATS&dataset=fashion_mnist

모든 이미지는 오른쪽 10개의 레이블 중 하나에 매칭되고, 각 레이블마다 7,000개의 이미지가 준비되어 있습니다. 여기서 레이블은 의류의 종류를 의미하며 기계가 잘 이해할 수 있도록 0부터 9까지의 숫자로 정의되어 있습니다.

레이블	의미
0	T-shirt/top
1	Trouser
2	Pullover
3	Dress
4	Coat
5	Sandal
6	Shirt
7	Sneaker
8	Bag
9	Ankle boot

Fashion MNIST 데이터셋을 살펴보니 전체 데이터의 개수, 각 이미지의 크기와 형태, 레이블의 개수까지 MNIST 데이터셋과 비슷한 점이 많다는 것을 확인할 수 있습니다. 그럼 이제 다음의 머신러닝 흐름에 따라 인공지능을 구현해 볼까요? 우리가 작성할 코드는 5.3절의 방식과 다르지 않으니, 잠시 책을 덮어두고 스스로 도전해 보는 것도 좋아요!

1) 기계가 학습할 데이터 준비하기
2) 모델 구성하기
3) 학습하기
4) 훈련된 모델을 통해 예측하기

STEP 1 기계가 학습할 데이터 준비하기

Fashion MNIST 데이터셋도 MNIST와 마찬가지로 텐서플로우에 내장되어 있기 때문에, 기계가 학습할
데이터를 쉽게 준비할 수 있습니다. 구글 드라이브에 새로운 코랩 노트북을 만들고 Fashion MNIST 데이
터셋을 불러와 봅시다.

Python_ML/5.4_ml_ex03.ipynb

```
import tensorflow as tf
from tensorflow import keras


(train_images, train_labels), (test_images, test_labels) = keras.datasets.fashion_mnist.
load_data()
print(len(train_images), len(test_images))
```

> 전체 데이터셋이 훈련용과 테스트용으로 잘 분리되어 불러와졌는지,
> 변수의 길이를 확인해 봅시다.

실행 결과

```
60000 10000
```

Fashion MNIST 데이터셋은 **keras.datasets.fashion_mnist.load_data()**로 불러올 수 있습니다. 데이
터의 길이를 확인해보니 전체 70,000개의 데이터가 잘 불러와졌네요. 그럼 이미지가 어떤 형태로 구성되
어 있는지 확인해 볼까요? 가능한 인덱스 범위 안에서 원하는 이미지 하나를 출력해 봅시다.

```
import tensorflow as tf
from tensorflow import keras


(train_images, train_labels), (test_images, test_labels) = keras.datasets.fashion_mnist.
load_data()
#print(len(train_images), len(test_images))


print(train_images[180])
```

180번째 이미지를 확인합니다. 여러분이 원하는 인덱스를 작성해도 좋아요!

각 이미지 데이터는 가로세로 픽셀값을 담은 28*28 크기의 2차원 배열로 구성됩니다. 실행 결과를 보기 좋은 표 형태로 표현하면 아래와 같습니다. 어떤 종류의 의류인 것 같나요?

0	0	1	0	0	0	0	5	55	89	48	0	0	0	0	0	0	41	137	89	18	0	0	0	2	0	0	0
0	0	0	0	0	61	114	142	125	121	156	144	121	117	110	115	136	158	160	172	161	176	149	52	0	0	0	0
0	0	0	8	96	130	126	114	105	100	97	114	124	128	128	128	132	139	142	137	142	143	147	170	50	0	0	0
0	0	0	83	110	104	110	108	104	105	107	103	107	108	110	115	122	132	132	135	133	124	136	154	146	0	0	0
0	0	1	119	105	103	104	105	107	104	105	111	110	114	118	118	121	129	137	136	129	135	137	143	158	0	0	0
0	0	26	122	108	104	100	100	103	103	105	108	112	111	112	115	121	130	137	139	133	161	118	156	160	4	0	0
0	0	40	117	103	105	97	94	98	101	104	108	114	110	110	112	117	124	136	144	144	160	130	151	147	37	0	0
0	0	52	108	104	107	91	93	96	101	104	107	115	107	108	110	115	121	130	147	158	156	149	126	151	112	0	0
0	0	94	112	118	142	132	82	93	103	111	100	114	126	110	105	112	122	124	158	154	199	168	129	163	108	0	0
0	0	0	12	29	90	178	90	93	97	117	108	114	143	104	121	119	114	128	147	153	196	71	18	0	0	0	0
0	0	1	0	0	0	0	101	94	97	114	128	111	136	115	139	112	115	130	142	176	0	0	0	5	0	0	0
0	0	0	2	4	0	1	104	93	97	97	103	111	108	107	128	110	107	139	146	178	11	0	5	1	0	0	0
0	0	0	0	1	0	0	105	93	97	104	186	188	179	193	203	234	108	130	149	146	1	0	1	0	0	0	0
0	0	1	0	1	0	0	104	96	83	178	218	207	213	227	239	236	118	132	150	143	1	0	1	0	0	0	0
0	0	0	0	1	0	0	104	96	89	195	144	217	185	213	250	235	104	146	147	142	1	0	2	0	0	0	0
0	0	0	0	0	0	0	103	96	125	85	204	146	142	178	242	111	142	144	140	1	0	2	0	0	0	0	0
0	0	0	0	0	0	0	97	96	100	136	90	248	128	217	211	255	137	135	146	164	1	0	2	0	0	0	0
0	0	1	0	1	0	0	96	97	91	117	114	188	140	126	144	195	197	167	142	171	1	0	2	0	0	0	0
0	0	0	0	0	0	0	96	98	96	104	112	96	105	118	117	157	200	172	142	143	2	0	1	0	0	0	0
0	0	0	0	0	0	0	103	98	98	105	108	112	111	119	130	147	147	161	144	151	11	0	2	0	0	0	0
0	0	1	1	2	0	0	112	97	98	104	108	114	114	114	118	121	149	147	146	153	40	0	5	0	0	0	0
0	0	0	1	2	0	1	108	100	104	105	111	115	119	111	117	132	122	142	149	153	59	0	4	1	0	0	0
0	0	0	0	2	0	15	117	98	107	107	112	117	117	119	128	129	135	146	147	154	73	0	4	1	0	0	0
0	0	0	0	2	0	29	121	101	105	111	115	119	119	122	128	128	137	139	142	158	76	0	2	0	0	0	0
0	0	0	0	2	0	37	107	107	107	114	119	119	125	132	136	136	140	139	137	161	83	0	1	0	0	0	0
0	0	0	0	2	0	48	110	108	111	117	119	121	128	130	135	135	130	133	156	94	0	1	0	0	0	0	0
0	0	0	0	2	0	75	119	117	124	125	125	130	142	146	149	146	151	151	143	167	139	0	0	1	0	0	0
0	0	0	0	1	0	43	83	80	85	85	82	85	82	79	83	85	86	85	86	112	108	0	0	1	0	0	0

▲ 배열 모습 확인

실제 180번째 훈련용 이미지는 오른쪽 그림과 같습니다. MNIST 데이터셋과 마찬가지로, 이미지의 각 픽셀값은 0 이상 255 이하의 범위 안에서 명암값을 나타냅니다.

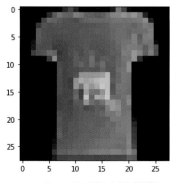

▲ Matplotlib 라이브러리로 확인한 180번째 훈련용 이미지

훈련용 이미지도 확인했으니, 이제 데이터 정규화를 하여 머신러닝 1단계를 마무리해 봅시다. 기계가 더 빠르고 정확하게 학습하도록, 이미지의 픽셀값을 담고 있는 변수 **train_images**와 **test_images**를 255로 나누어 0 이상 1 이하의 값으로 정규화합니다.

Python_ML/5.4_ml_ex03.ipynb

```
import tensorflow as tf
from tensorflow import keras

(train_images, train_labels), (test_images, test_labels) = keras.datasets.fashion_mnist.
load_data()

train_images = train_images / 255.0
test_images = test_images / 255.0
```

2 의류 이미지 학습하고 예측하기

STEP 2 모델 구성하기

이번에도 케라스의 **Sequential 모델**과 1개의 **Flatten 레이어**, 2개의 **Dense 레이어**를 사용하여, 여러 층을 쌓아 모델을 구성해 봅시다.

Python_ML/5.4_ml_ex03.ipynb

```
import tensorflow as tf
from tensorflow import keras

(train_images, train_labels), (test_images, test_labels) = keras.datasets.fashion_mnist.
load_data()

train_images = train_images / 255.0
```

```
test_images = test_images / 255.0
```

```
model = keras.models.Sequential([keras.layers.Flatten(input_shape=(28, 28)),
                                 keras.layers.Dense(512, activation=tf.nn.relu),
                                 keras.layers.Dense(10, activation=tf.nn.softmax)])
```

이 모델의 입력값은 28*28 사이즈의 의류 이미지이고, 출력값은 10개의 의류 카테고리에 해당될 확률입니다. 따라서 첫 번째 Flatten 레이어에 (**28, 28**)이라는 입력값의 형태를, 마지막 Dense 레이어에 **10**이라는 출력값의 개수가 전달되며, 3개의 레이어는 **5.3**절에서 구성한 모델의 각 레이어와 동일한 역할을 합니다.

잠깐 두 번째 레이어(Dense)를 생성하는 코드(**keras.layers.Dense(512, activation=tf.nn.relu)**)를 살펴볼까요? 함수 괄호 안에 첫 번째 숫자는 레이어를 구성하는 노드 개수라고 설명했습니다. 여기서 각 노드는 이전 레이어에서 입력된 모든 픽셀값을 받아 다음 레이어에서 알맞은 값으로 예측할 수 있도록 처리하는 역할을 합니다. 그렇다면 두 번째 레이어(Dense)의 노드 개수는 기계가 학습하는 데 어떤 영향을 줄까요? 노드 개수가 많으면 많을수록 기계가 더욱 학습을 잘 하게 되는 걸까요? 다음의 알고 넘어가기를 통해 알아봅시다.

알고 넘어가기 **히든 레이어(은닉층)의 노드 개수**

앞서 우리가 구성한 모델의 첫 번째 레이어(Flatten)는 **입력 레이어(Input Layer)**로, 학습할 데이터의 형태에 따라 노드 개수가 정해집니다. 우리가 학습할 이미지는 28*28 사이즈이므로 784개의 노드로 구성됩니다. 그리고 세 번째 Dense 레이어는 **출력 레이어(Output Layer)**로, 모델의 레이블 개수만큼 노드가 생성됩니다. 우리는 의류 카테고리를 담은 10개의 레이블이 있기 때문에 10개의 노드로 구성되는 것이죠.

입력 레이어와 출력 레이어 사이에 있는 레이어는 신경망 바깥에서는 보이지 않는다고 하여 **히든 레이어(Hidden Layer)** 또는 **은닉층**이라고 합니다. 우리가 만든 모델에서는 두 번째 Dense 레이어가 히든 레이어에 해당합니다. 히든 레이어의 노드 개수는 입력, 출력 레이어와 다르게 사용자가 자유롭게 정의할 수 있습니다. 최적의 노드 개수를 정하는 법칙이 있는 건 아니지만, 일반적으로 입력 레이어와 출력 레이어의 노드 개수 사이 정도로 정합니다. 히든 레이어의 노드 개수가 많으면 대부분 기계가 학습하는 과정에서 손실값을 줄어들고 정확도는 늘어납니다. 하지만 노드 개수를 늘리는 것이 무조건 좋은 모델을 만드는 방법은 아닙니다. 왜냐하면 노드 개수가 많을수록 기계가 계산해야할 양이 많아지기 때문에 학습하는 시간도 증가하고, 과적합(Overfitting)* 등의 문제가 발생할 수 있기 때문입니다. 따라서 히든 레이어의 노드 개수는 문제에 맞게 적절한 개수로 설정해야 하고, 비교적 적은 학습 시간 동안 높은 정확도를 얻을 수 있는 노드 개수를 찾는 것이 좋습니다.

▪▪▪▪ 훈련용 데이터를 과하게 학습한 결과, 오로지 훈련용 데이터에만 맞는 모델이 생성되어 새로운 데이터에 대한 예측은 제대로 하지 못하는 문제를 의미합니다.

이어서 모델을 컴파일하여 모델 구성을 마무리해 봅시다.

Python_ML/5.4_ml_ex03.ipynb

```
...생략...
model = keras.models.Sequential([keras.layers.Flatten(input_shape=(28, 28)),
keras.layers.Dense(512, activation=tf.nn.relu),
keras.layers.Dense(10, activation=tf.nn.softmax)])

model.compile(optimizer='adam', loss='sparse_categorical_crossentropy')
```

STEP 3~4 **학습하기 & 훈련된 모델을 통해 예측하기**

모델을 통해 훈련용 데이터를 학습시키고, 그렇게 해서 나온 훈련된 모델이 테스트용 데이터를 잘 예측하는지 확인해 봅시다.

Python_ML/5.4_ml_ex03.ipynb

```
...생략...
model.compile(optimizer='adam', loss='sparse_categorical_crossentropy')
```

```
model.fit(train_images, train_labels, epochs=5)
```
훈련용 데이터셋으로 5번 학습시킵니다.

```
classification = model.predict(test_images)
```
10,000개의 테스트용 데이터에 대해 예측하고, 그 결과를 변수 classification에 담습니다.
```
print(classification[5])
```
인덱스 5번 이미지에 대한 예측 결과를 확인합니다.

```
import matplotlib.pyplot as plt
plt.imshow(test_images[5])
```
Matplotlib 라이브러리를 활용하여 실제 이미지도 함께 출력해 봅시다.

[4.0326294e-04 9.9959093e-01 1.9338047e-06 8.8518635e-07 1.2919184e-06

2.5368090e-08 1.7659640e-06 5.4529562e-16 2.4924255e-08 1.9175105e-13]

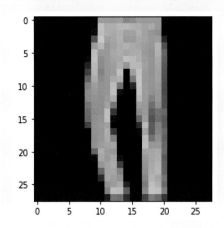

기계를 학습시킨 후 인덱스 5번 이미지에 대한 예측 결과를 확인해보니 레이블 1, 즉 바지(Trouser)에 해당될 확률이 가장 높습니다. 실제 이미지도 함께 띄워보니 기계가 잘 예측한다는 것을 알 수 있습니다. **print(classification[5])**와 **plt.imshow(test_images[5])**에서 인덱스 값을 바꿔보면서 여러 의류 이미지에 대한 예측 결과를 출력하면서, 기계가 잘 학습했는지 직접 확인해 보세요.

아래 전체 코드를 다시 한번 보면서 머신러닝의 흐름을 되짚어 봅시다.

Python_ML/5.4_ml_ex03.ipynb

```
import tensorflow as tf
from tensorflow import keras

# 1) 기계가 학습할 데이터 준비하기
(train_images, train_labels), (test_images, test_labels) = keras.datasets.fashion_mnist.
load_data()

# 데이터 정규화
train_images = train_images / 255.0
test_images = test_images / 255.0
```

```
# 2) 모델 구성하기
model = keras.models.Sequential([keras.layers.Flatten(input_shape=(28, 28)),
```

```
                      keras.layers.Dense(512, activation=tf.nn.relu),

                      keras.layers.Dense(10, activation=tf.nn.softmax)])

model.compile(optimizer='adam', loss='sparse_categorical_crossentropy')
```

```
# 3) 학습하기

model.fit(train_images, train_labels, epochs=5)
```

```
# 4) 훈련된 모델을 통해 예측하기

classification = model.predict(test_images)

print(classification[100])
```

이 절에서 우리는

5.3절에 이어서 컴퓨터 비전 기술을 활용하여 인공지능을 구현해 보았습니다. MNIST 데이터셋과 비슷한 구성을 갖고 있는 Fashion MNIST 데이터셋을 활용하여, 기계가 의류 이미지를 보고 그 종류를 예측할 수 있도록 학습시켰습니다. 또한 신경망을 구성하는 각 레이어의 노드 개수가 의미하는 바를 생각해 보면서, 기계가 더 잘 학습하기 위한 방법을 고민해 보았습니다. 우리는 이번 챕터를 통해 인공지능과 머신러닝에 대해 맛보았습니다. 특히 인공 신경망을 여러 차례 구성해 보면서, 기계가 학습하는 방식 중 하나인 딥러닝에 대해 이해할 수 있었습니다.

패션 관련 데이터셋에는 또 어떤 것들이 있을까?

우리는 Fashion MNIST 데이터셋을 활용하여 실습하였습니다. 이 데이터셋이 공개된 이후에도 패션과 관련된 많은 데이터셋이 구축되었고, 이를 활용한 인공지능 서비스도 꾸준히 늘어나고 있습니다. 3가지 패션 관련 데이터셋을 더 살펴봅시다.

Fashion-Gen 데이터셋(2018)

이 데이터셋은 293,008개의 이미지로 구성되었습니다. 각 이미지는 1360픽셀*1360픽셀의 고화질이며, 동일한 의류를 다양한 각도에서 촬영하였다는 것이 특징입니다. 또한 전문 스타일리스트가 작성한 의류에 대한 설명이 함께 제공됩니다.

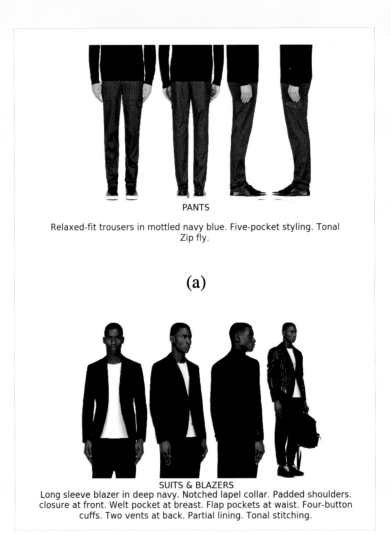

▲ Fashion-Gen 데이터셋 예시 (출처: Rostamzadeh, N., Hosseini, S., Boquet, T., Stokowiec, W., Zhang, Y., Jauvin, C., Pal, C. (2018). Fashion-Gen: The Generative Fashion Dataset and Challenge [PDF file]. https://arxiv.org/pdf/1806.08317v2.pdf)

DeepFashion2 데이터셋(2019)

이 데이터셋은 2016년 공개된 DeepFashion 데이터셋의 단점을 보완한 것으로, 491,000개의 이미지로 구성되었습니다. 동일한 의류를 쇼핑몰이 제공하는 이미지와 소비자가 제공하는 이미지로 구성하여, 풍부한 이미지를 제공한다는 점이 특징입니다.

▲ DeepFashion2 데이터셋 예시 (출처: https://github.com/switchablenorms/DeepFashion2)

K-Fashion 이미지 데이터셋(2020)

반갑게도 국내에서 개발한 데이터셋 또한 있습니다. 이 데이터셋은 국내에서 생산하고 판매 중인 1,200,000개의 의류 이미지로 구성되었습니다. 국내 환경에 맞는 패션 이미지 데이터를 확보하고 의류 트렌드를 파악하기 위해 구축한 데이터셋으로, 각 이미지를 의류 스타일, 종류 등 다양한 속성으로 분류한 점이 특징입니다.

▲ K-Fashion 데이터셋 예시 (출처: https://aihub.or.kr/aidata/7988)

아래 링크들은 각 데이터셋의 정보를 제공하는 곳입니다. 데이터셋에 대한 자세한 설명을 확인하거나 직접 다운로드할 수 있습니다.

데이터셋	링크
Fashion-Gen	https://arxiv.org/pdf/1806.08317v2.pdf
DeepFashion2	https://github.com/switchablenorms/DeepFashion2
K-Fashion	https://aihub.or.kr/aidata/7988

함수 찾아보기

이 책에서 다룬 파이썬 함수들을 쉽게 찾아볼 수 있도록 정리했습니다. 프로그래밍을 하다가 헷갈리는 함수의 이름이 있거나 개념 정리가 필요한 함수가 있다면 아래를 참조해 보세요.

형 변환 함수

시퀀스형 관련 함수

문자열 함수

저자협의
인지생략

파이썬으로 맛보는 인공지능 한 조각

1판 1쇄 인쇄 2022년 8월 25일
1판 1쇄 발행 2022년 8월 30일

―

지 은 이 김수빈
발 행 인 이미옥
발 행 처 디지털북스
정   가 18,000원
등 록 일 1999년 9월 3일
등록번호 220-90-18139
주   소 (03979) 서울 마포구 성미산로 23길 72 (연남동)
전화번호 (02)447-3157~8
팩스번호 (02)447-3159

ISBN 978-89-6088-408-3 (93000)
D-22-11